Verlag Bibliothek der Provinz

Karl Heinz Gruber
VERGNÜGTE WISSENSCHAFT
Ein pädagogischer Selbstversuch
Fragmente einer akademischen Karriere

lektoriert von Erika Sieder

herausgegeben von Richard Pils

ISBN: 978-3-99126-131-5

© Verlag Bibliothek der Provinz GmbH.
A-3970 WEITRA 02856/3794
www.bibliothekderprovinz.at
Cover-Foto von Florian Gruber
»Karl Heinz Gruber im alten Anatomischen
Theater am AKH-Campus der Universität Wien«

Karl Heinz Gruber

VERGNÜGTE WISSENSCHAFT

Ein pädagogischer Selbstversuch

Fragmente einer akademischen Karriere

Für Erika, Florian und Luis

INHALTSVERZEICHNIS

EIN PÄDAGOGISCHER SELBSTVERSUCH

Bei meinen Überlegungen, welchen Titel ich dem vorliegenden Buch geben könnte, befand ich mich – mutatis mutandis – in der Situation des Dirigenten Bruno Walter, zu dem Gustav Mahler bei einem Spaziergang am Fuße des Höllengebirges gesagt haben soll: „Sie brauchen gar nicht hinzusehen, das habe ich alles schon wegkomponiert." Einige der Titel, die mir gefallen hätten, waren nämlich schon „wegpubliziert":

Fröhliche Wissenschaft von Friedrich Nietzsche;

Wissenschaft als Beruf von Max Weber;

Über mich selbst von Roland Barthes;

Experiment in Autobiography von H.G.Wells. oder

Unreliable Memoirs von Clive James.

Allerdings: *Wissenschaft als Beruf* wäre für das, was hier folgt, ohnedies zu seriös und pompös gewesen. *Über mich selbst* von Roland Barthes klingt mir zu narzisstisch; es ist angeblich beim Betrachten alter Fotos entstanden, was sich in meinem Falle nicht gelohnt hätte, weil es von mir aus irgendeinem Grund nur ganz wenige Aufnahmen gibt. Außerdem geht es nicht bloß um mich selbst, sondern auch um die Rahmenbedingungen einer mehr oder weniger typischen Karriere eines sozialen Aufsteigers von „ziemlich weit unten" nach „ziemlich weit oben". Schade ist es jedoch um den Titel Nietzsches, bei dessen Buch sich die Assoziation „fröhlich" nicht wirklich aufdrängt, handelt es sich doch um ein Musterbeispiel düsterer deutscher Gelehrsamkeit, das im Satz „Gott ist tot" gipfelt. (Zwei Spaßvögel haben vor einigen Jahren Nietzsche beim Wort genommen. Einer hatte auf die fensterlose Westseite der Wiener Universitätskirche in großen klobigen Buchstaben „Gott ist tot. Nietzsche" gesprüht. Darunter hat ein anderer penibel in österreichischer Schulschrift die Entgegnung „Gewaltiger Irrtum: Nietzsche ist tot. Gott" hingepinselt. Leider ist dieses schöne Beispiel von *street philosophy* einer rezenten Fassadenrenovierung zum Opfer gefallen.) Der Titel *Unverlässliche Memoire*n hätte mir ebenfalls gut gefallen, aber auch der ist mit den *Unreliable Memoirs* des witzigen australischen TV-Journalisten und Autors Clive James bereits besetzt.

Meine Entscheidung für den Titel VERGNÜGTE WIS-SENSCHAFT − *Ein pädagogischer Selbstversuch* soll zweierlei signalisieren: erstens, dass es der Dignität von Wissenschaft keinen Abbruch tut, sie mit Humor zu betreiben, was nach meiner Erfahrung im deutschsprachigen (im Unterschied zum anglo-amerikanischen) Wissenschaftsbetrieb nicht nur viel zu selten vorkommt, sondern als „unseriös" angesehen wird, und zweitens eine respektvolle Anspielung auf Pierre Bourdieus *Ein soziologischer Selbstversuch*, wissend, dass ich nicht in derselben Liga spiele wie dieser, von mir außerordentlich hochgeschätzte, französische Nestor der Soziologie.

Was ist „das Pädagogische" an meiner Karriere? Nun, ich blicke als „Pädagoge", oder genauer, durch die sozialwissenschaftliche Brille eines Professors der Erziehungswissenschaft auf die vielfältigen Rollen zurück, die ich im Laufe meines Lebens in ganz unterschiedlichen, Bildungsinstituten und -kontexten erduldet, beobachtet oder ausgeübt habe als:
− Schüler einer ländlichen Hauptschule in den 1950er Jahren;

- Lehramtskandidat der Linzer Lehrerbildungsanstalt;
- Junglehrer im oberösterreichischen Sauwald;
- Fulbright-Student an einer Universität im amerikanischen Mittelwesten (St. Paul, Minnesota);
- Student und wissenschaftliche Hilfskraft an der Universität Wien;
- vergleichender Bildungsforscher in Schweden, England, den USA und Japan;
- Lehrbeauftragter der deutschen FernUniversität Hagen;
- Assistent, Dozent und schließlich ordentlicher Professor an der Universität Wien;
- Senior Visiting Research Fellow am St. John's College, Oxford;
- Directeur d'Études Associés am Maison des sciences de l'homme in Paris;
- Fulbright-Gastprofessor an der Harvard Universität, USA;
- Gastprofessor an den Universitäten Graz, Klagenfurt und Hiroshima, Japan;
- Mitglied des Beirats des UNESCO International Bureau of Education, Genf;
- Chairman des Governing Board de Centre for Educational Research and Innovation (CERI) der OECD in Paris, der weltweit einflussreichsten Bildungsforschungseinrichtung, und, nicht zuletzt,
- Vater eines Sohnes und Großvater eines Enkels, deren schulische Laufbahnen ich mit fachlich-pädagogischem und ganz gewöhnlichem elterlichen, resp. großelterlichen Interesse verfolgt habe.

Wenn dieses Buch eine pädagogische Lektion enthält, dann die der Ermutigung für junge Menschen die „von unten kommen", sich nicht unterkriegen zu lassen, sondern alles daran zu setzen, „to outsmart an unfair social system".

Für eine wiederkehrende Zumutung möchte ich mich entschuldigen: die vielen Anglizismen, von denen ich nicht lassen kann. Ich liebe die englische Sprache seit frühen Schultagen; ich betrachte sie als meine zweite Muttersprache und fühle mich darin einfach wohl. Mir scheint, dass mir Englisch für Präzisierungen und vor allem für Anspielungen öfter *le mot juste* bietet als das Deutsche. Zudem ist Englisch in meinem Fach, der Vergleichenden Erziehungswissenschaft, die existenznotwendige „Lingua franca". Meine Anglophilie ermöglichte es mir, im englischsprachigen Wissenschaftsbetrieb und in internationalen Gremien wie der OECD und UNESCO *with effortless ease* (da, schon wieder!) nicht bloß zu kommunizieren, sondern – was oft sehr hilfreich war – spielerisch umzugehen. Als man in Wien noch die Papierversion englischer Sonntagszeitungen erhielt, war es jahrzehntelang meine „Belohnung" nach gehaltener Vorlesung im Audi Max, mir beim Zeitungsstand am Schottentor den OBSERVER zu kaufen

***

Wenn es so etwas gibt wie den „genius loci", dann ist der 9. Bezirk von Wien damit im Übermaß gesegnet. Das hat wohl weniger damit zu tun, dass das Institut für Erziehungswissenschaft der Universität Wien, an dem ich mehr als 50 Jahre gearbeitet habe, in diesem Stadtteil liegt, sondern mit der außerordentlichen Konzentration von Genies, die hier gelebt haben oder gestorben sind: Ludwig van Beethoven, Franz Schubert, Anton Bruckner, Wolfgang Amadeus Mozart und Gustav Mahler. (Zugegeben, Mahler ist hier bloß gestorben, Mozart wohnte hier nur kurze Zeit, und es gibt wenige Häuser in Wien, in denen Beethoven *nicht* gewohnt hat und nach einem Streit mit dem Hausherrn ausgezogen ist.) Ein weiterer, allerdings nicht wegen seiner Musikalität berühmter großer Geist wirkte, bloß ein paar Schritte von meinem Institut an Beethovens Sterbehaus und der Mozartschen Wohnung vorbei, in der Berggasse 19: Sigmund Freud.

Professor Freud hätte mit mir wahrscheinlich wenig Freude gehabt: erstens, weil ich manche seiner Theorien für schöne Geschichten halte, in denen er seine grandiose klassisch-humanistische Bildung verarbeitet; zweitens, weil ich seiner Meinung, die Wissenschaft sei „die vollkommenste Loslösung vom Lustprinzip", entschieden widerspreche, und drittens wegen meiner leichtfertigen Verwendung des Begriffs „Selbstversuch", der eine Auto-Psychoanalyse anzukündigen scheint, wenngleich er bloß von Pierre Bourdieu ausgeborgt ist. Die Herangehensweise an meine akademische Laufbahn war eher die eines Theaterkritikers als die eines Psychoanalytikers. Zudem sind die folgenden Ausführungen nicht auf einer Couch entstanden, sondern in einem mächtigen, alten, sehr bequemen, wie es scheint nicht ganz mottenfreien Ohrenlehnstuhl, den ich zum Missfallen meiner Frau vor der Sperrmüllsammlung bewahre.

Dieses Buches besteht zum Teil aus Texten, die im Laufe des vergangenen Jahrzehnts in der Wochenend-Beilage „Album" der Wiener Tageszeitung DER STANDARD erschienen sind und die, gesammelt und ergänzt, so etwas wie eine fragmentarische Autobiographie ergeben. Eine akribische, „vollständige" Darstellung meines Lebenslaufes wie die des von mir außerordentlich geschätzten englischen Literaturwissenschaftlers und Verfasser humorvoller Universitätsromane David Lodge, der dafür nicht weniger als drei Bände gebraucht hat, wollte ich weder Ihnen, liebe Leserinnen und Leser, noch mir selber zumuten. Mein Liebesleben, meine Antwort auf die Gretchenfrage, wie ich es mit der Religion halte und was mir Musik und Kunst bedeuten, werde ich, wie eine österreichische Koalitionsregierung, in einem geheimen „Sideletter" verschriftlichen.

***

Die Wissenschaft, von der hier die Rede ist, durchlebte im deutschen Sprachraum in den frühen 1960er Jahren, als ich zu studieren begann, gerade einen Identitätswandel, die sogenannte „realistische Wende", – von der vorwiegend philosophisch-geisteswissenschaftlichen Pädagogik zur methodisch heterogenen Erziehungswissenschaft, die im Bermuda-Dreieck zwischen Psychologie, Soziologie und Philosophie angesiedelt ist. Dass sich manche Universitätsinstitute in den letzten Jahrzehnten in „Bildungswissenschaft" umbenannt haben, dürfte wenig daran ändern, dass das Fach auf dem Totempfahl der akademischen Reputation nicht gerade eine Spitzenposition einnimmt. Der große alte Mann der amerikanischen Bildungsforschung, Philip Jackson von der University of Chicago, sah sich in den 1980er Jahren bei einer Konferenz deutscher und anglo-amerikanischer Erziehungswissenschafter in Oxford veranlasst, einen „psychoanalytischen" Witz zu erzählen. Er meinte, die nabelschauenden Bemühungen seiner deutschen Kollegen, immer wieder die Identität und Dignität ihrer Disziplin zu begründen, anstatt ihr Feld mit einem angemessen vielfältigen, sozialwissenschaftlichen Instrumentarium zu erforschen, erinnerten ihn an jenen Cartoon, in dem ein schmächtiges Männchen auf einer Couch liegt, zu dem sich ein mächtiger, daneben sitzender Psychoanalytiker hinunterbeugt und streng sagt: *„My good man, you do not have an inferiority complex. You are inferior!"* Vermutlich hätte Herr Professor Freud darüber ebenso wenig gelacht wie die anwesenden Direktoren deutscher Bildungsforschungsinstitute. Ich fand den Witz sehr gut, muss aber zugeben, dass es mich doch einigermaßen irritiert hat, als ich in der großen Münchner Buchhandlung Hugendubel am Marienplatz feststellen musste, dass pädagogische Bücher in der alarmierend großen Abteilung „Esoterik" zu finden sind.

Der englische Literaturwissenschaftler und Autor David Lodge macht eine wortspielerische Unterscheidung, die im Deutschen leider nicht möglich ist: nämlich zwischen „Theory" mit großem „T" und „theory" mit kleinem „t". Die von vielen deutschen Kollegen bevorzugte historisch-systematische „BildungsTheorie" (mit großem „T") war nie meine Sache; meine analytischen Interessen waren, wie die der meisten anglo-amerikanischen Bildungsforscher, „down-to-earth", d.h. pragmatisch auf die Ziele, Strukturen und Prozesse der Institution Schule, die Rollen von Lehrerinnen und Lehrern, sowie auf die Bildungsprozesse von Schülerinnen und Schülern fokussiert.

Die Subdisziplin, in der ich die vergangenen fünfzig Jahre geforscht und gelehrt habe, ist die „Vergleichende Erziehungswissenschaft". Ich habe erkundet, wie Schulsysteme und Schulen in kulturell sehr unterschiedlichen Ländern funktionieren, und was man davon für die Verbesserung der schulischen Verhältnisse Österreichs lernen kann, vorrangig

– in Schweden, jahrzehntelang das Mekka der Gesamtschulreform, das in den vergangenen drei Jahrzehnten einen neoliberalistischen Rückschritt zur schulischen und sozialen Segregation erlebt hat;

– in England, bis zu den Thatcher'schen Zentralisierungs-Reformen das Land mit der größten Schulautonomie und einer in Europa einmaligen Innovationsbereitschaft, die von einem hohen professionellen Ethos der Lehrerschaft getragen war;

– in den USA, dem Land mit der größten Vielfalt an regionalen Schulsystemen, deren Spektrum von „heilen", wohlausgestatteten, leistungsfähigen Schulwelten bis hin zu problembehafteten, besorgniserregenden „Brennpunktschulen" reicht;

– in Japan, wo der konfuzianische Respekt vor Lernen und Gelehrsamkeit allumfassend und die Bezeichnung „sensei" zudem ein Ehrentitel für Lehrer ist.

Wie in den meisten deutschsprachigen Universitätsinstituten für Pädagogik war in Wien in den 1960er-Jahren die deutsche Sprache die Grenze des wissenschaftlichen Diskurses. Dafür gab es zwei Hauptgründe: Das außerordentlich reiche Erbe der deutschen Bildungstheorie seit der Aufklärung bot ein weites Feld für Vorlesungen, Dissertationen und alle Arten von Publikationen. Der zweite Grund war banaler: Die meisten Pädagoginnen und Pädagogen konnten damals einfach nicht gut genug Englisch, um am internationalen, englischsprachigen Diskurs teilnehmen zu können. Am Wiener Institut gab es jedoch einen alten Mann, der mit einem kümmerlichen Lehrauftrag eine marginale Existenz fristete: Dr. Walter Berger, ursprünglich ein gymnasialer Lateinlehrer, der vor den Nazis nach England geflüchtet war und nach seiner Rückkehr nach Österreich Aufmerksamkeit für das englische Schulwesen zu generieren versuchte. Bei mir ist es ihm gelungen. Ich verdanke diesem unermüdlichen Aufklärer sehr viel und habe den Verdacht, dass er in mir die Realisierung der akademischen Ambitionen sah, um die ihn die Nazis betrogen hatten.

***

Meine Herangehensweise an den Wissenschaftsbetrieb beruht vermutlich auf der persönlichen Disposition „to always look at the bright side of life". Das bedeutet nicht, die Augen vor den Ärgernissen und Widrigkeiten des universitären Alltags zu verschließen, aber ich finde, dass Humor das (akademische) Leben erträglicher, sinnvoller, befriedigender…ja vermutlich sogar gesünder macht. Ich wurde in dieser Auffassung bestärkt durch die wiederholte, jahrelange Teilhabe an der von Johan Galtung so treffend beschriebenen „saxonischen", anglo-amerikanischen Wissenschaftskultur, deren belletristische Aufarbeitung zahlreiche vergnügliche „Campus novels" hervorgebracht und in jenen von David Lodge ihre Apotheose erreicht hat. Galtung konstatierte in seinem globalen Vergleich der Kulturen im Wissenschaftsbetrieb vier regionale Stile: den „saxonischen" (anglo-amerikanischen), den „teutonischen"(deutschen), den „gallischen"(französischen) und den „nipponischen", also japanischen. Ich habe aufgrund der für einen Vergleichenden Erziehungswissenschafter unabdingbaren Feldforschung alle vier idealtypischen akademischen Kulturen und ihre jeweiligen sozialen Kontexte gründlich kennengelernt und „am eigenen Leib" erfahren. Mir scheint, dass Pierre Bourdieu und Didier Eribon exemplarische Gefangene der systemischen Humorlosigkeit des französischen Wissenschaftsbetriebs sind. Der „teutonic approach", der auch den Wissenschaftsbetrieb in Österreich bestimmt, ist eher berühmt für die Korrektheit seiner elaborierten Fußnoten als für quicken Witz und feine Ironie. (Nur so nebenbei: Durch die Lektüre der von akademischen Insider-Erfahrungen gespeisten anglo-amerikanischen „Professorenromane" wie denen von Amanda Cross, Allison Lurie, Malcolm Bradbury, Richard Russo oder Ann Oakley lässt sich die Entwicklung des Hochschulwesens von der Aufbruchsstimmung der 1960er-Jahre bis hin zur gegenwärtigen „managerial university" aufschlussreicher (und zudem lustvoller) nachvollziehen als durch knochentrockene, reduktionistische Studien, in denen der „human factor" nicht vorkommt.)

Das Ideal, das meiner wissenschaftlichen Arbeit zugrunde liegt, ist das, was Clive James „a joking seriousness" genannt hat – die Überzeugung, dass ein Vortrag, ein Text oder ein Kommentar wissenschaftlich korrekt und zugleich unterhaltsam sein können. Meine STANDARD-Kommentare orientierten sich an den Kolumnen des (verstorbenen) englischen Pädagogik-Professorenkollegen Ted Wragg von der University of Exeter, der viele Jahre allwöchentlich auf der letzten Seite des Londoner Times Educational Supplement den englischen Schulalltag, die Nöte der Eltern, die Leiden der Lehrerschaft und die Ahnungslosigkeit sogenannter „Bildungsexperten" (nicht selten unterbeschäftigte Philosophen) durch den Kakao gezogen hat. Pierre Bourdieu wollte seine Leser an seinen leidvollen Erfahrungen teilhaben lassen; ich hätte gerne, dass meine Leserinnen und Leser mit mir über die vergnügliche (nicht selten absurde) Seite des Wissenschaftsbetriebs lachen.

***

Dass diese Autobiographie aus Fragmenten besteht, hat auch mit meinem schlechten Gedächtnis zu tun. Im „Schutt der Nachlassnotizen", wie der Herausgeber von Hugo von Hofmannsthals Romanfragment *„Andreas oder die Vereinigten"* die dazu gehörenden Skizzen und Entwürfe lieblos nennt, findet sich ein Venezianisches Reisetagebuch, in dem ein Herr von N. bekennt: „Ich erinnere mich an die Dinge ganz genau, hatte immer sehr gutes Gedächtnis (sic), bekam bei den Schulbrüdern das große Fleißkreuz, weil ich die österreichischen Regenten vor- und rückwärts aufsagen konnte". Leider kann ich das von mir nicht behaupten (einmal ganz davon abgesehen, dass ich außer Joseph II. die meisten Habsburger Herrscher für nicht erinnerungswürdig halte). Für mich gilt eher, was auf der Plakette stand, die an der Fassade eines Gebäudes in der Pariser Rue des Irlandais, einer Außenstelle der Sorbonne, befestigt war, ehe sie geklaut wurde: „Ici a vecu une femme qui n'a jamais su la chronologie des rois de France." („Hier wohnte eine Frau, die nie die Chronologie der französischen Könige auswendig konnte")

Anstatt mein mangelhaftes Gedächtnis durch die Führung eines Tagebuchs zu kompensieren, wozu ich mich nie aufraffen konnte, verschlimmere ich meine Situation als „geschichtsloser Geselle" durch einen sorglosen Umgang mit Memorabilia. Ich bin zur Missbilligung meiner Historikerfreunde ein sorgloser Wegwerfer. Ich habe zwar eine (altersschwache) Dokumentenmappe, aber kein persönliches Archiv, in dem ich Materialien, „ die vielleicht noch einmal wichtig werden könnten ", aufbewahre. Ich muss zugeben, dass ich das mehr als einmal bereut und gebüßt habe. Als mir zum Beispiel die Universität Hiroshima im Jahr 2000 eine Gastprofessur anbot, sollte ich angeben, wie oft und wie lange ich schon in Japan gewesen war. Ich trug in den Personalbogen ein, woran ich mich erinnern konnte: etwa acht oder neun Aufenthalte mit einer Dauer von zwei Wochen bis zu drei Monaten. Den Bürokraten des japanischen Bildungsministeriums war das zu beiläufig; sie klärten mich höflich darüber auf, dass sie nicht nur die exakte Zahl meiner Aufenthalte, sondern auch die genauen Daten der jeweiligen Ein- und Ausreise wissen wollten. Es wäre ein Wunder gewesen, wenn ich meinen alten Reisepass gefunden hätte. In dieser Not – wie in den meisten meiner Nöte – kam mir meine liebe Frau zur Hilfe. Sie führt zwar kein Tagebuch, trägt jedoch seit jeher akribisch mit winziger Schrift alle wichtigen Ereignisse in ihre Taschenkalender ein: ihre Chorprobentermine; unsere alljährlichen Urlaubsaufenthalten in Venedig, Paris und am Arlberg; die Sichtung von Kranichen, Bienenfressern und Säbelschnäblern im burgenländischen Seewinkel und, Gott sei Dank, auch die Daten meiner zahlreichen Auslandsdienstreisen. Meine Professur war gerettet, sehr viel ordentlicher bin ich jedoch trotz dieser peinlichen Erfahrung nicht geworden. (Diese Professur war nicht ohne Überraschungen. In Japan angekommen, wurden mir auf einer Polizeistation in Hiroshima von allen zehn Fingern die Fingerabdrücke abgenommen. Ich wurde für drei Monate japanischer Beamter, dessen Japanisch allerdings gerade ausreichte, um nicht zu verhungern und am neuen Bahnhof von Kyoto – meiner Meinung nach der großartigste der Welt – den Shinkansen nach Tokyo oder den Regionalzug nach Nara zu finden.

***

Mit bildungsbürgerlicher Selbstverständlichkeit lässt Max Weber in „*Wissenschaft als Beruf*" akademische Karrieren mit dem Entschluss junger Doktoren, sich zu habilitieren, beginnen. Für Menschen, die nicht, wie es auf Englisch so schön heißt, „are born with a silver spoon in their mouth", sondern „aus einfachen Verhältnissen" kommen, ist es jedoch bis dorthin ein langer, hürdenreicher und mühsamer Weg. Eine Aufzählung der Anforderungen und Begleiterscheinungen des sozialen Aufstiegs und der Überwindung von Klassenschranken klingt wie die Aktualisierung von Hamlets „*To be or not to be*"-Monolog:

- die oft schmerzhafte Entfremdung („Alienation") vom Herkunftsmilieu;
- „die Unsicherheit des aus eigener Kraft Emporge-kommenen" (Pierre Bourdieu);
- Resilienz und Durchhaltevermögen „*Perfer et obdura, multo graviora tulisti*" (Ovid);
- das Wegstecken der Arroganz der Oberschicht; das Bewusstsein, sich Empfindlichkeit nicht leisten zu können;Selbstvertrauen und Anstrengungsbereitschaft;
- das Verkraften von Rückschlägen
  „*Ever tried. Ever failed.*
  No matter. Try again.
  Fail again. Fail better" (Samuel Beckett).)
- die Verinnerlichung des meritokratischen Drucks, „mehr" leisten zu müssen.
  „*... it is surprising how often we ask that we be a better version of our present self – in the full knowledge of just how difficult it was getting this far.*" (Tony Judd))

Wie nachhaltig traumatisch dieser Aufstieg sein kann, lässt sich aus der Aussage Pierre Bourdieus erschließen, der, selbst nachdem er den Olymp der französischen Wissenschaft, das Collège de France, erreicht hatte, am Ende seines *„Soziologischen Selbstversuchs"* bekennt „...Und nichts würde mich glücklicher machen, als wenn es mir hier gelungen wäre, dass einige meiner Leser und Leserinnen ihre eigenen Erfahrungen, ihre Schwierigkeiten, ihre Fragen, ihre Leiden in meinen wieder erkennen können ...". Es mag schon stimmen, dass Menschen durch widrige Herausforderungen wachsen, aber mir scheint, dass nicht wenige sozialer Aufsteiger so viel „élan vital" in die Kompensation ihrer Sozialisationsdefizite stecken müssen, dass nach der Erreichung der höheren akademischen Weihen wenig Energie für eine befriedigende und vergnügliche Ausübung von Wissenschaft übrigbleibt.

Wenngleich mir dieses mühsame und leidvolle Aufsteiger-Syndrom aus der Literatur und aus meinem Bekanntenkreis wohlvertraut ist, haben mich mehrere glückliche Umstände vor ärgeren, kräfteraubenden und entmutigenden Widrigkeiten bewahrt:

– Ich wurde in eine liebevolle Familie mit einer starken Mutter hineingeboren.
– Ich hatte einige Lehrer, die in mir Leistungsbereitschaft und Erfolgszuversicht grundlegten.
– Ich profitierte von der sozialen Aufbruchsstimmung der 1960er Jahre.
– Ich geriet ungewöhnlich frühzeitig in den Wissenschaftsbetrieb und lernte ihn illusionslos „von der Pike auf" kennen.
– Ich konnte mein intellektuelles Profil und mein Forschungsfeld „in Einsamkeit und Freiheit" selber bestimmen.

- Ich war immer neugierig und wollte wissen, „was geht" und ob ich „es" schaffe.
- Ich legte keinen Wert auf akademische Machtpositionen und verschwendete keine Energie darauf.
- Ich begegnete durch Glück und Zufall, einigen einflussreichen Personen, die wohlwollend und großzügig bereit waren, mir eine Chance zu geben und mich ermutigten, Herausforderungen anzunehmen.

Sicher begünstigte mich auf indirekte Weise auch die allgemeine soziale Aufbruchsstimmung des Phänomens „1968", aber für meine Bildungslaufbahn kamen die chancen-angleichenden, schulischen wie hochschulischen Maßnahmen der sogenannten Kreisky-Ära, etwa Schülerfreifahrt und Stipendien, zu spät. Die nachhaltigste Wirkung hatte „1968" auf meinen äußeren Habitus. Ich kaufte mir nämlich nicht bloß den gesamten Regenbogen von Suhrkamp-Taschenbüchern, sondern ersetzte meinen grünen, alpinen Hubertusmantel durch einen dunkelblauen, englischen Dufflecoat und ließ mir einen (leider auch nach 50 Jahren noch immer etwas mickrigen) Bart wachsen.

***

Für einen Hochschullehrer eher ungewöhnlich gibt es von mir außer meiner gedruckten Dissertation und einer Reihe von mitherausgegebenen Sammelbänden kein Buch, von einem „Opus magnum" ganz zu schweigen. Meine Habilitationsschrift war kumulativ und bestand aus einem Konvolut thematisch zusammenhängender

Texte über Schulreform in England, die in so unterschiedlichen Medien wie dem Londoner „*Times Educational Supplement*", österreichischen Zeitschriften und deutschen Sammelbänden erschienen waren. Die große Ironie meiner Buch-Abstinenz ist, dass Peter Kalb, der langjährige Verlagsleiter von BELTZ, dem größten und wichtigsten deutschsprachigen Verlag für erziehungswissenschaftlicher Literatur, einer meiner besten Freunde ist. Ich hatte ihn kennengelernt, als ich während eines meiner Jahre in Oxford für ihn ein Interview mit dem transatlantischen Guru der Lernforschung, Jérôme Bruner, arrangierte. Peter hätte natürlich bei aller Freundschaft kein Manuskript angenommen, das nicht den hohen Standards des Verlags und seiner Lektoren gerecht geworden wäre, aber ich hätte mir das mühsame Erheischen der Aufmerksamkeit des Verlags für ein Manuskript erspart. Ich fand es sehr amüsant, bei den Kongressen der Deutschen Gesellschaft für Erziehungswissenschaft, die alle zwei Jahre in einer anderen deutschen Universitätsstadt stattfinden, mit Peter in einem „Ratskeller" zu sitzen und zu beobachten, wie sich „namhafte" Lehrstuhlinhaber bemühten, vom allmächtigen Verlagsleiter wahrgenommen zu werden, um ihm ein Manuskript für die prestigereiche Publikation im BELTZ-Verlag anzudienen.

Freunden gegenüber pflege ich zu scherzen, dass ich als Liebhaber der venezianischen Malerei bei meinen Publikationen nicht an den riesigen Bildern Jacopo Tintorettos, sondern an den kleinen Formaten Giovanni Bellinis Maß nehme. In Wirklichkeit hat das Fehlen von Buchveröffentlichungen von mir drei simple Gründe:

- Für das, was ich zu sagen hatte, schienen mir Aufsätze und kleinere, massenmediale Publikationsformate geeigneter.
- Ich habe für meine akademische Karriere Bücher nicht unbedingt gebraucht. (Im österreichischen Hochschulrecht gibt es selbst für so wichtige Entscheidungen wie Berufungen die flexible Formulierung „oder gleichwertige Qualifikationen")
- Ich habe – für einen Professor eines Massenfachs einer Großuniversität nicht überraschend – sehr viel und sehr gerne gelehrt. Als alter „68er" habe ich da-rauf verzichtet, die unvermeidlichen massenhaften Prüfungen an meine Assistenten zu delegieren, so dass ich in den Semester-„Ferien" viele lange Tage mit der Beurteilung von Klausurarbeiten verbracht habe. (Ich könnte natürlich auch noch dar auf hinweisen, dass ich durch das Nichtschreiben von Büchern das Leben vieler unschuldiger Bäume vor der Verarbeitung zu Papier gerettet habe, aber das wäre vielleicht doch eine unlautere Anbiederung an den Umweltschutz.)

Von den Grundfunktionen eines sozialwissenschaftlichen Universitätsprofessors – Forschung, Lehre, akademische Selbstverwaltung und Aufklärung der Öffentlichkeit – habe ich Lehre und öffentliche Aufklärung ernster genommen als die meisten meiner Kollegen. Im Unterschied etwa zu meinen Oxforder Professorenkollegen galt für mich nie die implizite Erwartung, alle drei Jahre ein Buch zu schreiben, und ich habe auch nie den *„publish-or-perish"*-Karrieredruck amerikanischer Kollegen verspürt.

Selbstverständlich betrieb ich als vergleichender Erziehungswissenschafter Feldforschung und publizierte die Ergebnisser meiner Arbeiten. Zu den Aspekten, die mich besonders interessierten, nämlich Schulsystementwicklung und „Bildungspolitologie" (*educational policy analysis*"), gab es zu meiner Zeit hervorragende englische und amerikanische Buchpublikationen, sodass es mir angemessener schien, meine Forschungsergebnisse in Zeitschriften zu veröffentlichen, was zudem den Vorteil hatte, dass sie zeitnahe in den wissenschaftlichen Diskurs Eingang fanden.

Ich war in der glücklichen Lage, über die Gewichtung der oben erwähnten professoralen Funktionen selber entscheiden zu können. Ich leistete meinen fairen Anteil an der wissenschafts-alltäglichen Verwaltung, hatte aber darüber hinaus kein Interesse an akademischer Machtausübung (Institutsvorstand, Dekan, Herausgeber, Präsident von Kongressen, etc.). Die Akquisition von sogenannten externen „Drittmitteln" war zu meiner Zeit, als das Bildungsministerium noch für eine angemessene Finanzierung des Wissenschaftsbetriebs sorgte, weder eine Notwendigkeit noch – wie nunmehr – ein Qualitätsmerkmal professoraler Tüchtigkeit.

Ich habe die Lehre geliebt und hatte an der Universität Wien mehr als genug Gelegenheit dazu.

Der Umstand, dass etwa die Hälfte des österreichischen Gymnasiallehrer- und Gymnasiallehrerinnen-Nachwuchses ihre Lehrerbildung an der Universität Wien erhält, machte Pädagogik zu einem echten Massenfach; zudem ist die „Bildungswissenschaft" seit den 1980er-Jahren zu

einem von weiblichen Studierenden präferierten „Mode-
studium" geworden. Da der Großteil meiner Berufstätig-
keit in die Zeit vor der Digitalisierung und dem Streamen
von Lehrveranstaltungen fiel, waren Vorlesungen mit 600,
800 oder 1200 Hörerinnen und Hörern im Auditorium
Maximum und in anderen großen Hörsälen eine unabdingbare Notwendigkeit. Während nicht wenige meiner Kolle-
ginnen und Kollegen einen Horror vor Großvorlesungen
haben, fand ich sie eine faszinierende Herausforderung,
was wohl etwas mit meiner Neigung zum Theatralischen
zu tun hat. Das halbrunde Anatomische Theater am
alten Campus nötigte mich geradezu, die Vorlesung mit
„Friends, Romans, countrymen, lend me your ears" zu
beginnen. Viele Lehramtsstudierende haben keine sehr
hohen Erwartungen an ihre pädagogischen Pflichtlehr-
veranstaltungen. Ich war bemüht, meine Vorlesungen auf
der Basis aktueller, wissenschaftlicher Ergebnisse so berufs-
relevant und so unterhaltsam wie möglich zu inszenieren.
Es ist beglückend, sogenannte „with-it-ness" zu erfahren,
jenes gewisse Gefühl, dass man die Aufmerksamkeit eines
vollen Hörsaals hat, dass die Studierenden durch ihre Körpersprache und ihren Gesichtsausdruck signalisieren, dass
sie mitdenken, dass niemand döst oder gar weggeht und
dass sie alle an den „richtigen Stellen" lachen. Dass mich
die Studierenden bei einer österreichweiten Befragung der
Österreichische Hochschülerschaft für einen Spitzenplatz
nominiert haben, hat mich belustigt und – ich gebe es
gerne zu – auch gefreut.

Was habe ich also statt dem Schreiben von Büchern
gemacht? Nun, ich habe, neben Beiträgen zu Sammelbän-

den und wissenschaftlichen Zeitschriften, zum Themenfeld Schule, Lernen, Schulreform, Bildungspolitik, Lehrerbildung … über 150 Kommentare in der Tageszeitung DER STANDARD und etwa 20 Beiträge im Österreich-Teil der deutschen Wochenzeitung DIE ZEIT veröffentlicht. Ich habe mich, das „profiteri", das öffentliche Bekennen, auf dem das Wort Professor beruht, ernst nehmend, in Schul- und Bildungskontroversen eingemischt und mich bemüht, Forschungsergebnisse, die in schwer zugänglichen Publikationen „unter Ausschluss der Öffentlichkeit" erschienen sind, allgemein verständlich in den öffentlichen Diskurs einzuführen. Für Blogs und andere Ausdrucksformen der (wie mir scheint in Wirklichkeit asozialen) „social media" bin ich zu alt. Mir gefällt die altmodische Idee (möglicherweise eine Illusion), dass meine Texte, ähnlich den Flugschriften der Renaissance, zur öffentlichen Aufklärung beitragen. Meine Hoffnung ist allerdings nicht sehr groß. Ich halte das bildungspolitische Establishment Österreichs für unfähig zu lernen. Dennoch habe ich es, wie Pierre Bourdieu, als meine professorale Pflicht angesehen „… der Wiederkehr des Verdrängten den Weg zu bahnen und in aller Öffentlichkeit das auszusprechen, was niemand wissen möchte."

Sollte mir auf meine alten Tage die Einmischung in den bildungspolitischen Diskurs doch einmal zu viel werden, werde ich den Rat von Horaz befolgen, der auf der Toscana-Villa in Gmunden zu lesen ist „Beatus ille qui procul negotiis", und mich zurückziehen. Da ich, wie mein Lebenslauf bezeugt, ein unruhiger Geist bin, wird jemand, der mich sucht, an einigen Orten Nachschau halten müssen:

- in der Badoer-Giustinian Kapelle der Kirche San Francesco della Vigna in Venedig;
- im Gärtchen des Hôtel de Soubise der Archives Nationales in Paris;
- in Duke Humfrey's Library der Old Bodleian Library der Universität Oxford;
- in der Mieido-Halle des Hyakumanben Chion-ji Tempels in Kyoto;
- im Glashaus von Rosendals Trädgard im Kungliga Djurgarden in Stockholm; oder vielleicht bloß
- auf der Vogelwarte an der Langen Lacke im burgenländischen Seewinkel.

LITERATURVERZEICHNIS

BARNES, Julian: The Sense of an Ending. Jonathan Cape, London 2011.

BARTHES, Roland: Über mich selbst. Mathes und Seitz, Berlin 1975.

BOURDIEU, Pierre: Ein soziologischer Selbstversuch. Suhrkamp, Frankfurt 2002.

ERIBON, Didier: Retour à Reims, Fayard, Paris 2009; Rückkehr nach Reims, übersetzt von Tobias Haberkorn, Suhrkamp, Suhrkamp, Berlin 2016.

GALTUNG, Johan: Structure, culture and intellectual style: An essay comparing saxonic, teutonic, gallic and nipponic approaches. Social Science Information, SAGE, London and Beverly Hills 20, 6 (1981), pp. 817–856.

HOFMANNSTHAL, Hugo von: Andreas oder die Vereinigten. Fischer, Frankfurt 1961.

JAMES, Clive: Unreliable memoirs, Knopf, New York 1981.

JUDT, Tony: The Memory Chalet. Vintage Books, London 2011.

LODGE, David: Quite a Good Time to be born: A memoir, 1935–1975; Writer's Luck: A memoir, 1976–1991; Varying Degrees of Success: A memoir, 1992–2020. Harvill Secker, London 2011, 2018, 2021.

NIETZSCHE, Friedrich: Fröhliche Wissenschaft, Erstveröffentlichung Chemnitz 1882.

WEBER, Max: Wissenschaft als Beruf, Erstveröffentlichung, München 1918.

WELLS, H[erbert]. G[eorge]: Experiment in Autobiography, Gollancz, London 1934.

EINE PROLETARISCHE KINDHEIT

Das Haus, in dem ich 1942 das Licht der Welt erblickte, hieß „Stallgebäude". Es war allerdings kein richtiger Stall – weder Ochs noch Esel, von Hirten und Engeln ganz zu schweigen. Als Kind mit einer lebhaften Phantasie glaubte ich, es handle sich um eine ehemalige Poststation, bei der die Pferde der Kutschen gewechselt wurden, mit denen Kaiser Franz Josef jeden Sommer von Wien zur Jagd ins Salzkammergut reiste. Die Wirklichkeit war prosaischer. Es war ein Gebäude, in dem die Papierfabrik Steyrermühl ihre Arbeitspferde untergebracht hatte, ehe es zu einem Arbeiterwohnhaus umgebaut wurde. Es hätte allerdings auch deswegen Stallgebäude heißen können, weil viele seiner Bewohner – auch meine Eltern – an den Außenmauern zahlreiche Hasen- und Hühnerställe unterhielten. Der Komfort unserer Wohnung war bescheiden: Klo und Wasser am Gang, der einzige heizbare Raum die mit einem großen Tischherd ausgestattete Wohnküche. Meine erste Erinnerung überhaupt ist das rote, von einer feuchten Wand reflektierte Licht der Heizspiralen eines elektrischen Öfchens, mit dem meine Eltern versuchten, die Temperatur des Schlafzimmers im Winter erträglich zu machen.

„Steyrermühl" – das war sowohl die Papierfabrik, in der mein Vater arbeitete, als auch die Siedlung, in der die meisten Arbeiter in werkseigenen Wohnhäusern untergebracht waren. Administrativ gehört der etwa zehn Kilometer von Gmunden die Traun abwärts gelegene Ort zur Gemeinde Laakirchen – gegenüber dem Ohlsdorf

Thomas Bernhards auf der anderen Seite der Traun und durch den Traunfall getrennt von Christoph Ransmayrs Roitham. Politisch war Steyrermühl in den Jahren nach dem Zweiten Weltkrieg eine proletarische Welt für sich.

Die Fabrik und die Sozialdemokratie bestimmten das Sein und das Bewusstsein der Bevölkerung. Die Kinder besuchten den Fabrikkindergarten und an Samstagen den Hort der „Kinderfreunde", wo sie spielten, werkten und sozialistische Lieder („Brüder zur Sonne zur Freiheit...) lernten. Kranke und Verletzte wurden vom Werksarzt versorgt. Die Mütter kauften im „Konsum" ein, lasen die sozialistische Frauenzeitung „Die Unzufriedene" und wickelten an Winterabenden rote Krepppapier-Nelken für den 1. Mai. Geturnt wurde beim ASKÖ. Die Väter waren durchwegs „bei der Partei", d.h. der SPÖ, und Gewerkschaftsmitglieder. Wer am 1. Mai nicht bettlägrig war, marschierte im machtvollen Demonstrationszug mit: allen voran die Blasmusik-Werkskapelle, dann die für eine Papierfabrik angemessen große Feuerwehr, die Kinderfreunde-Kinder, die Roten Falken in ihren blauen Hemden, die Gewerkschaftsjugend mit ihrem imposanten Block großer roter Fahnen, die männliche Arbeiterschaft, die sozialistischen Frauen, die ASKÖ-Turnerschaft und eine Coda von Pensionisten – alle mit einer roten Nelke im Knopfloch und voll stolzem Klassenbewusstsein. Die Linzer Bürger, die den Feiertag am Traunsee verbringen wollten, konnten nur mit ohnmächtigem Grimm in ihren Autos warten, bis die Marschkolonne von der Papierfabrik zum Laakirchner Gemeindeamt nach etwa eineinhalb Stunden endlich die Bundesstraße freigab. Es gab auch

Kommunisten, darunter meinen Onkel Georg, die den 1. Mai gemeinsam mit den kommunistischen Salinenarbeitern des Salzkammerguts in Ebensee feierten. Onkel Georg verteilte am Fabriktor die Zeitschrift „Sowjetunion heute", seine Frau Marie trug die Kirchenzeitung aus. Bei seinem Begräbnis würdigte ihn zuerst der Obmann der KPÖ-Salzkammergut als aufrechten Genossen, sodann der Pfarrer – ohne jegliche Verlegenheit – als guten Christen.

Mehrmals im Jahr fanden auf dem Platz vor der Werkskantine Blasmusik-Konzerte der Werkskapelle statt, die Militärmärsche, Strauß-Walzer und Rossini-Ouvertüren auf einem beachtlichen Niveau spielte. Der Gesangsverein, dem auch mein Vater angehörte, war nicht bloß eine Versammlung sangesfreudiger Männer; er stellte, da die Volksschullehrer mitmachten und nach den Proben immer lange diskutiert wurde, darüber hinaus so etwas wie ein Forum kulturell ambitionierterer Arbeiter dar.

„Solidarität" war keine hohle Parole, sondern ein verhaltenssteuernder Wert, der nicht nur den beruflichen Alltag in der Fabrik sondern auch das soziale Leben im Ort bestimmte, von dem sehr viel mehr als heute auf der Straße und in der Halböffentlichkeit der Höfe zwischen den Wohnhäusern stattfand. Man half einander mit Werkzeug, Hausrat, Dienstleistungen und Geld, von dem es im Stallgebäude ebenso wenig gab wie im restlichen Ort. Die allgemeine materielle Armut war gewiss nicht „fröhlich", aber niemand lebte im Elend. Als Kind wuchs man mit der Erfahrung von wohlwollender Geborgenheit auf, allerdings auch mit dem Bewusstsein eines dichten

Netzes an sozialer Kontrolle. Im Unterschied zu dem von Gewalttätigkeit, Alkoholismus und Kleinkriminalität geprägten Leben im nordfranzösischen Arbeitermilieu, wie es Didier Eribon in seinem autobiographischen Buch „*Rückkehr nach Reims*" schildert, herrschte in Steyrermühl in den 1950er und 1960er Jahren ein „sozialistischer Puritanismus": sich zu betrinken, zu fluchen und Grobheiten gegenüber Frauen galten als nicht tolerierbar, Verlässlichkeit und Rechtschaffenheit waren generell hochgehaltene Tugenden. Etwas auf Kredit anzuschaffen galt als „Schulden machen" und war verpönt: man sparte, dann kaufte man.

Die meisten dieser nicht-religiösen Sozis dachten nicht im Traum daran, selber in die Kirche zu gehen, hatten jedoch nichts dagegen, dass ihre Kinder am Sonntag die Messe besuchten, vermutlich in der Annahme, dass „Religion gut für Kinder ist", d.h. dass die Kirche einen Beitrag zur Vermittlung von Tugenden und zur Grundlegung von anständigem Verhalten leistete.

Gebadet wurde am Samstag. Da keine der Arbeiterwohnungen über ein eigenes Badezimmer verfügte, mussten sich die Mütter absprechen, wann sie mit ihren Sprösslingen die Gemeinschafts-Waschküche benützen konnten. Wenn man Pech hatte, und das war alle paar Wochen der Fall, kam man schon am späten Samstagnachmittag zum Baden dran und saß an schönen warmen Sommerabenden missmutig, gemeinsam mit anderen sauberen Leidensgenossen, in einem frischen Nachthemd auf dem Gartenzaun und durfte sich vor dem Sonntag nicht mehr dreckig machen.

Der Schicht-Betrieb der Papierfabrik hatte für die Kinder eine unangenehme Nebenfolge. Das ganze Jahr hindurch kam ein Drittel der Männer um 6 Uhr früh von der Nachtschicht nach Hause und legte sich zu Bett. Da es in jedem Wohnhaus mehrere lärmempfindlichen Nachtschichtler gab, und der Boden um die meisten Häuser kiesbedeckt war, war Spielen in Wohnungsnähe so gut wie unmöglich, weil alle Spielgeräusche rasch dazu führten, dass aus irgendeinem Fenster eine ängstliche Frauen- oder zornige Männerstimme Ruhe forderte. Es gab zwei Möglichkeiten dieser misslichen Situation zu entkommen: zu lesen oder an die Traun und ins ländliche Umfeld auszuweichen. Die elterliche Besorgtheit, dass „etwas passieren könnte", war damals sehr viel geringer als heute, und ich konnte mit Freunden halbe Tage lang durch die Felder und Wälder der Traunviertler Umgebung ziehen. Hin und wieder trafen wir auf misstrauische Bauern, die wie alle Erwachsenen nicht meinen Namen wissen wollten, sondern fragten: „Wem gherstn an"? Also: Wem gehörst du an? Unausgesprochen: Wer ist der Erziehungsberechtigte, an den ich mich wenden kann, um ihn von deinem verwerflichen oder verdächtigen Verhalten, etwa dem unerlaubten Aufklauben („Stehlen") von Birnen und Nüssen oder dem „Herumzigeunern" zwischen dem Traunfall, Ohlsdorf und Lindach, zu informieren? Die erwartete Antwort war der Name meines Vaters: der Gruber Karl.

Mein Vater war ein Papiermacher. Papier war für ihn die raison d'être. Hätte er eine Schöpfungsgeschichte schreiben müssen, hätte sie wohl begonnen mit „Am Anfang schuf Gott das Papier". Als ich ihm zum 70.Geburtstag eine schönen Österreich-Bildband schenkte, interessierten ihn vorerst weder der Autor noch die Fotos, sondern er nahm, wie er es jahrzehntelang von Berufs wegen getan hatte, ein Blatt zwischen Daumen und Zeigefinger, rieb es behutsam und sagte so etwas wie „achtzig Gramm, doppeltsatiniert, gutes Papier, teuer". Er war eines von neun Kindern eines Arbeiterehepaares. Trotz des Reichs-volksschulgesetzes 1869, das in Österreich die achtjährige Schulpflicht eingeführt hatte, musste er zwölfjährig die Volksschule verlassen und kam als „geringes Knechtl" zu einem Bauern. Er war ein Opfer der sogenannten „Schulbesuchserleichterungen", die Kirche, Adel und Bauernvertreter 1883 erwirkt hatten und es ermöglich-ten, dass „gute Schüler" frühzeitig ausgeschult und in Arbeitsverhältnisse gesteckt wurden, mit der Auflage, in den beiden Schuljahren, um die man sie geprellt hatte, zusätzlich zu den sechs Arbeitstagen die „Sonntagschule" zu besuchen. Die Handschrift meines Vaters war lebens-lang „wie gestochen", was ihm zugutekam, als er nach einigen Jahren als Bauernknecht in die Fabrik wechselte und Papierarbeiter wurde. Er war gewissenhaft, ordnungs-liebend und verlässlich und wäre wahrscheinlich ein ein-facher Arbeiter geblieben, hätte er nicht die energische und ambitionierte Gruber Mitzi zur Frau gehabt. Als ihm die Fabrikleitung den Posten eines „Meisters des Kalan-dersaals" anbot (Kalander sind riesige Maschinen zum Glätten und Trocknen von Papier), war es meine Mutter, die ihn dazu bewog, diese Herausforderung anzunehmen, die mit einem hohen Maß an Verantwortung, aber auch mit einer besseren Bezahlung, einer neuen Wohnung und dem Privileg verbunden war, das Brennholz ofengerecht gehackt von der Fabrik geliefert zu bekommen.

Meine Mutter Maria war ein Einzelkind. Ihr Vater, ein Angestellter im Braunkohlebergwerk Thomasroith im Hausruck, starb just als sie in die Lehrerinnenbildungsanstalt in Vöcklabruck eintreten sollte. Die frisch verwitwete Großmutter, die mehr Tschechisch als Deutsch sprach, wollte nicht allein sein, sodass meine Mutter ihren Wunsch, Lehrerin zu werden, aufgeben und anstatt dessen eine Reihe von Posten als Dienstmädchen annehmen musste, zuerst in Thomasroith, dann doch weiter weg in der Försterschule im Landschloss Orth am Traunsee (wo sie vorzüglich kochen lernte) und schließlich für mehrere Jahre im Haushalt eines Kaufhausbesitzers in Holland. Meine Eltern heirateten 1939; vom Pfarrer erhielten sie ein Neues Testament, vom Standesbeamten ein Exemplar von Hitlers „Mein Kampf", das mein Vater, wenngleich er es als alter Sozi verachtete, nicht wegwarf, sondern auf dem Dachboden verwahrte, weil es auf „sehr gutem Dünndruckpapier" gedruckt war.

Meine Eltern ergänzten einander perfekt: er war zurückhaltend, wortkarg und bedächtig, sie couragiert, extrovertiert und voller Selbstvertrauen. Als ich in späteren Jahren ein Fulbright-Stipendium zum Studium in den USA erhielt, war meine Mutter überglücklich; die erste Reaktion meines Vaters war „Bua, das Jahr wird dir bei der Pension fehlen." Als mittleres von drei Kinder war ich in einer günstigen Position: mir blieb sowohl die auf den erstgeborenen älteren Bruder gerichtete elterliche

Besorgtheit als auch der verwöhnungsträchtige Nest-häkchen-Status meiner jüngeren Schwester erspart. Ich konnte, ermutigt durch mütterliche Erfolgszuversicht, einfach aufwachsen; man muss kein Psychoanalytiker sein, um darin die Projektion der nicht realisierten Bildungsambitionen meiner Mutter auf mich zu erkennen. Die „Lernpsychologie" meiner Mutter bestand aus drei schlichten Maximen:

– Unsereinem wird nichts geschenkt, wir müssen uns selber anstrengen.

– Wenn du etwas werden willst, dann lerne.

– Gib dich nie mit dem Zweitbesten zufrieden (oder, wie es die Sängerin Leontyne Price, die meine Mutter sehr verehrte, einmal elegant auf den Punkt brachte: „Why bother to be mediocre?").

Ehe ich in der Früh zur Schule aufbrach, musste ich jahrelang täglich ein Ritual absolvieren. Meine Großmutter, die bei uns wohnte, trug hohe Schnürschuhe. Irgendwie hatte sie herausgefunden, dass die Zahl der Haken ihrer Schuhe mit dem Versmaß des folgenden Gebets übereinstimmte. Ich musste mich vor sie auf den Fußboden setzen und laut betend im Rhythmus die Schuhbänder einhaken:

„Heiliger Geist, komm, zu verbreiten,
über mich dein Gnadenlicht.
Lass mich immer weiterschreiten,
im Erlernen meiner Pflicht."

An dieser Stelle hatte ich eine Pause zu machen und sie probierte, ob die Schnürung nicht zu locker oder zu fest war, dann ging es weiter:

„Mache mir zum Lernen Lust,
hilf dass ich in meiner Brust,
das Erlernte wohlbehalte
und im Guten nicht erkalte."

Dasselbe mit dem zweiten Schuh, dann erhielt ich einen freundlichen Klaps auf den Kopf und war entlassen.

Es ist mir etwas peinlich, es einzugestehen, aber ich war ein sogenanntes „braves Kind". Zu meinen selbstverständlichen Pflichten gehörte es, jeden Samstag alle Schuhe der Familien zu putzen und jeden zweiten Tag mit einer ziemlich großen Kanne („Mülipitschn") Milch von jenem Bauern zu holen, bei dem meine Eltern zur Erntezeit Hilfsdienste leisteten, um das eine oder andere Stück Fleisch oder Geselchtes und eben die kostbare Milch zu erhalten, Wenn mein Vater Frühschicht hatte, musste ich ihm in den Sommerferien um 11 Uhr ein warmes Mittagessen in die Fabrik bringen. Eigentlich war ich zu jung dafür, und der Gang durch die Werkshallen voller riesiger, lauter Maschinen ängstigte mich, aber da mein Vater „Moasta" war und ich den Heiligenschein des braven Kindes trug, wurde für mich eine Ausnahme gemacht.

Geld gab es für uns Kinder damals nur bei zwei Anlässen: für das Neujahrwünschen und für das Holzaufschlichten. Beim Brauch, Kindern, die einem „Ein Gutes Neues Jahr!" wünschten, eine Münze (meistens 5 Schilling) zu schenken, kam mir die große Zahl meiner Onkel und Tanten zugute. Die zweite Möglichkeit, sich ein paar Schilling zu verdienen, war es, mitzuhelfen, das Brennholz, das die meisten Familien in meterlangen Scheitern angeliefert bekamen und von einem ambulanten Holzschneider kurz geschnitten wurde, zum Aufschlichten in den Keller oder an eine Hauswand zu befördern.

Und ich war ein „guter Schüler". Ich liebte die Institution Schule „an sich" und es fiel mir leicht, – siehe oben – „das Erlernte in meiner Brust wohl zu behalten". Jahrelang litt ich allerdings darunter, nicht genug zum Lesen zu haben. Mein Lesehunger war auch durch weihnachtliche Büchergeschenke, die im Freundeskreis getauschten Karl-May-Bücher und den Beitritt meiner Mutter zur *Buchgemeinschaft Donauland* nicht zu stillen. In meiner Not schreckte ich nicht davor zurück, mir von Freundinnen „Mädchenbücher" auszuborgen, die damals wenigstens noch nicht verräterisch „pink" waren. Zwei glückliche Umstände beendeten diese „literarische Dürre" und initiierten jenen Prozess, den Soziologen „Alienation" nennen, nämlich die Entfremdung von meiner familiären Arbeiterklassen-Kultur und die Annäherung an einen bildungsbürgerlichen Umgang mit Sprache, Literatur und klassischer Musik. (Im Unterschied zu Didier Eribon habe ich mich allerdings nie meiner proletarischen Herkunft geschämt, sondern war stolz darauf „to have out-smarted the class system".)

Eine Papierfabrik braucht nicht nur ein Heer von Arbeitern, sondern auch einen Stab von leitenden Angestellten. Ende der 1940er Jahre zog aus Wien eine Familie mit einem Sohn in meinem Alter zu. Der Vater trat in die kaufmännische Leitung der Fabrik ein, die Mutter war Hausfrau, aber nicht eine wie die mir vertrauten, abgerackerten, waschenden, putzenden, nähenden, sondern eine „feine Dame". In dieser Familie sprach man Hochdeutsch, man hatte eine Bedienerin, man hatte ein Klavier und einen Plattenspieler mit zahlreichen klassischen Musik-Platten, man hatte elegante, volle Bücherschränke, man fuhr nach Rimini auf Urlaub, man hatte vor, das Kind nach Gmunden aufs Gymnasium zu schicken und man suchte unter den Steyrermühler Schmuddelkindern nach einem Spielgefährten für den Sohn. Die „Wahl" fiel auf mich, was meine Eltern mit wohlwollender Distanziertheit zur Kenntnis nahmen. Mein Freund wurde mir eine Art zweiter Bruder und seine Mutter behandelte mich wie einen zweiten Sohn. Zu Hause sprach ich Dialekt, in meiner „Zweit-Familie" erwarb ich einen selbstverständlichen Umgang mit Hochdeutsch. Über diese Bubenfreundschaft erschloss sich mir auch die Welt der klassischen Musik. Die – nicht gerade kindgerechten – Einführung war Beethovens „Fünftes Klavierkonzert" mit Walter Gieseking und Herbert von Karajan, das wir uns x-mal anhörten. Warum dieses Werk und nicht etwas „Leichteres" wie die „Kleine Nachtmusik" oder „Peter und der Wolf", kann ich nicht sagen, außer dass wir es beide schön fanden. Mein Freund trat – wie alle Kinder, die in den sogenannten „Herrenhäusern" für die leitenden Angestellten wohnten – mit zehn Jahren ins Gmundner Gymnasium über, ich kam in die Laakirchner Hauptschule.

Das größte Glück meiner gesamten Bildungskarriere war, dass ich Erich Kainzner als Englischlehrer erhielt. Schon vor dem schulischen Englischunterricht faszinierten mich die englische Sprache und die USA. Mein

Heimatort lag in der amerikanischen Besatzungszone. Die US Army betrieb eine Schulküche und die emotional ausgehungerten amerikanischen Soldaten waren sehr freundlich zu uns Kindern. Alle vierzehn Tage hielt vor dem Fabrikeingang der Bibliotheksbus des US Information Service, wo man Bücher ausborgen konnte und wo großzügig (okay, in Propagandaabsicht) alte Nummern der *Saturday Evening Post* verteilt wurden. Ich erbettelte und hortete einen beachtlichen, immer wieder durchgeblätterten Fundus dieser bunten, bilderreichen Zeitschrift, deren berühmte Titelseiten des Zeichners und Malers Norman Rockwell Ikonen der „heilen Welt" der USA Nachkriegs-USA waren.

Erich Kainzner hatte wegen des Zweiten Weltkriegs sein Biologiestudium abbrechen müssen und war nach der Rückkehr aus der englischen Kriegsgefangenschaft Englischlehrer geworden. Ich liebte seinen anregenden und humorvollen Unterricht, bei dem er nicht nur den damals gerade modernen Schulfunk und die dazugehörigen Texthefte einsetzte, sondern uns auch viele englische und amerikanische Lieder beibrachte. Als Englischlehrer wurde Kainzner von den Amerikanern nach der Parole „How to win friends and influence people" öfter zur Fortbildung nach Salzburg eingeladen. Er nahm von den dort aufliegenden Büchern und Materialien immer extra Exemplare für mich und einen ebenfalls von Englisch faszinierten Mitschüler mit. Diese vertrauensvolle, uns außerordentlich fordernde Zumutung, die heutzutage als „enrichment" gelten würde, löste bei mir eine (bis heute andauernde) Begeisterung für die englischen Sprache aus, die mir im Laufe meiner akademischen Karriere an den Universitäten von Oxford und Harvard sowie bei der OECD in Paris sehr zugute gekommen ist.

Am Ende meiner Hauptschulzeit empfahl Lehrer Kainzner meinen Eltern das, was damals für Unterschichtkinder vom Lande mit guten Schulleistungen die „klassische" soziale Aufstiegs-Option war – den Übertritt in die zur Matura führende Lehrerbildungsanstalt. Ich fuhr mit meiner Mutter nach Linz und bestand die Aufnahmeprüfung. Die Übersiedelung in ein Linzer Schülerheim bedeutete den Abschied von meiner Kindheit und von jener Anhöhe oberhalb des Traunfalls, von der aus man an klaren Tagen – davon war ich als Bub lange fest überzeugt – „Amerika" sehen konnte. Wie sich herausstellte, sah man bloß den Bergrücken des Hausrucks.

WIE MAN FRÜHER LEHRER WURDE

Für manche der Mitschüler, die wie ich im Herbst 1956 als Vierzehnjährige in die Linzer Lehrerbildungsanstalt eintraten, war die LBA bloß die Notlösung zur Erlangung einer studienberechtigenden Matura; sie hatten mit zehn Jahren eine Hauptschule besuchen müssen, weil für sie kein Gymnasium erreichbar war. Ich hingegen wollte nicht nur unbedingt Lehrer werden; ich war in die Institution Schule „an sich" verliebt und bin es – 60 Jahre später – als emeritierter Universitätsprofessor immer noch. Schule bedeutet für mich die Befreiung von den Fesseln einer bildungsfernen Herkunft, die umfassende Förderung der persönlichen Begabungen und Interessen und die Erschließung der „world of learning", in meinem Falle bis hin zu den mythen- und efeuumrankten akademischen Sphären von Oxford und Harvard.

Es gab aber noch einen zweiten, heimlichen Grund, warum ich nach Linz wollte. Lange bevor Thomas Bernhard Ohlsdorf als Rückzugsort entdeckte, wanderte ich gelegentlich eineinhalb Stunden von meinem Heimatort Steyrermühl nach „Oischdorf", um ins Kino zu gehen. Im dämmrigen, ungelüfteten Saal eines Gasthauses, der immer stark nach Maus roch, fanden an Wochenenden Filmvorführungen statt. Darunter war irgendwann Mitte der 1950er Jahre die Verfilmung von Erich Kästners „Fliegendem Klassenzimmer"; das dort dargestellte ereignisreiche Internatsleben erschien mir als höchst erstrebenswerte Alternative zu den braven Routinen meiner ländlichen Hauptschule.

Die Aufnahmeprüfung, mit der meine Eignung für den Lehrberuf festgestellt wurde, könnte man gnädig „vorprofessionell" bezeichnen. Zuerst stellte der Schularzt unser Geschlecht fest, indem er seinen Zeigefinger in das Gummiband unserer Unterhosen hakte, einen Blick hineinwarf und den Gummi genüsslich auf unsere Bäuche zurückschnalzen ließ. Der Nachweis meiner musikalischen Befähigung bestand im Absingen des Liedes „Sah ein Knab' ein Röslein stehn". Dann folgten ein Mathematiktest und ein längeres Diktat. Beim Aufrufen zum mündlichen Teil der Prüfung nach der Mittagspause konnte sich ein Professor einen kleinen sadistischen „Scherz" nicht verkneifen. Mit der Ankündigung „Bei folgenden Kandidaten erübrigt sich eine mündliche Prüfung" verlas er die Namen jener Kandidaten, die bei der schriftlichen Prüfung durchgefallen waren. Die Mütter der abgewiesenen Prüflinge fingen zu weinen an – auch meine, denn auch mein Name war vorgelesen worden. Vor dem Weggehen sagte der Professor über die Schulter „Ach, übrigens, der Gruber braucht nicht mehr mündlich anzutreten, weil er bereits als aufgenommen gilt". (Wie ich später erfuhr war ich der Einzige, der das Diktat, das mit ausgefallenen Formulierungen gespickt war, fehlerfrei geschrieben hatte).

Der Alltag der „staatlichen" Linzer LBA (es gab auch eine bischöfliche) in den späten 1950er Jahren war grau und lustlos. Weder der Lehrplan noch das Lehrpersonal waren imstande, die Doppelfunktion einer LBA, nämlich neben einer gehobenen Allgemeinbildung eine solide pädagogische Grundbildung zu vermitteln, zufriedenstellend einzulösen. Etliche meiner Klassenkameraden waren Lehrerskinder, die durch ihre Eltern „vorsozialisiert" waren und von Seiten der Anstalt so etwas wie einen institutionellen „Bonus des Dazugehörens" genossen; aufstiegswillige Prolo-Kinder ohne soziales und kulturelles Kapital wie ich hatten hingegen eine gewaltige „affektive Distanz" zur Kultur der LBA zu überwinden. Das Anforderungsniveau war hoch, die Beurteilung streng und mehrere Mitschüler mussten die Anstalt bereits nach einem halben Jahr verlassen.

Es gab einige engagierte und inspirierende Professoren, aber die Mehrzahl praktizierte müde Unterrichtsroutinen, die nicht selten im Diktieren von „Lernstoff" auf der Basis ihrer vergilbten Unterlagen bestand, der auswendig zu lernen war. Es dürfte keinen Absolventen der Linzer LBA aus den 1950er Jahren geben, der nicht auch jetzt noch spontan den Merksatz des Musikprofessors Heybal „Singen ist jene Kunst, mit Hilfe des menschlichen Stimmapparates schöne Töne und Tonfolgen hervorzubringen und dieselben mit Worten zu verbinden", aufsagen kann. Der Umstand, dass manche unserer Lehrer im Unterricht ihren persönlichen Interessen freien Raum ließen, erwies sich in meinem Falle als ambivalent. Ich teilte die Faszination des Deutschprofessors für die Geschichte der deutschen Sprache und deren Lautverschiebungen, was mir beim Erlernen der schwedischen Sprache sehr zugutekam; dass in seinem Literaturunterricht Autoren wie Heinrich Heine, Franz Kafka und Stefan Zweig nicht vorkamen, war jedoch eine schlimme Unterlassungssünde. Zum allgemeinbildenden Curriculum gehörten auch fünf

Jahre Latein, das von einem allgemein gefürchteten alten Hünen mit gelangweiltem Sarkasmus und sehr hohen Ansprüchen unterrichtet wurde.

Zu meinem großen Ärger wurde uns, angeblich um uns zu „entlasten", das Wahlfach Französisch gestrichen. Dabei wäre Französisch das einzige Fach gewesen, in dem man dem weiblichen Geschlecht etwas näher hätte kommen können. Die Lehrerbildung der 1950er und 1960er Jahre war nämlich streng nach Geschlechtern getrennt. Das LBA-Gebäude hatte separate Eingänge für Männer und Frauen; es gab zwar offene Verbindungskorridore, aber es existierte eine „Demarkationslinie", deren Überschreitung, etwa um sich von einem Mädchen einen Atlas auszuborgen, als schwerer Verstoß gegen das „institutionelle Keuschheitsgebot" sanktioniert wurde. Dabei hätte es viel sinnvollere Möglichkeiten zu unserer Entlastung gegeben, etwa das Erlernen von zwei Musikinstrumenten auf eines zu reduzieren. Hinter der Forderung, Geige und Klavier zu lernen, stand anscheinend das Bild vom ländlichen Volksschullehrer, der am Sonntag in der Kirche die Orgel und am Donnerstagabend mit dem Pfarrer, dem Arzt und dem Apotheker Streichquartett spielt. Das entbehrlichste Fach wäre aber wohl Landwirtschaftskunde mit Inhalten wie dem Anlegen eine Jauchegrube gewesen.

Wer nicht aus dem Großraum Linz stammte, musste in einem Schülerheim untergebracht werden. Mein Heim in Urfahr hatte leider mit dem Internat im „Fliegenden Klassenzimmer" wenig gemeinsam; es bestand aus nicht viel mehr als einem Cluster von Wohnungen in der sogenannten Harbachsiedlung, einer ausgedehnten

Wohnhausanlage, die 1940 als „Führersiedlung" gebaut, den Krieg überstanden hatte. Vier eiserne Stockbetten, vier alte Militärspinde, ein Tisch und vier Sesseln – voilà, fertig war das Heimzimmer. Gewaschen wurde kalt, gebadet eher selten, weil die Benützung des Bades mit warmem Wasser mehr als eine Kinokarte gekostet hätte. Als „Hilfserzieher" mit dem Privileg eines winzigen Einzelzimmers gehörte es zu meinen Pflichten, in der Früh alle Zimmertüren zu öffnen und laut „Guten Morgen" hinein zu rufen. Die Luft, die mir dabei in den Wintermonaten aus den Zimmern entgegenquoll, roch eher „streng". Das Essen war miserabel wie wohl in den meisten Heimen nach dem Zweiten Weltkrieg und bestand zu einem erheblichen Teil aus Nahrungsmitteln, die von der US Army zurückgelassen worden waren; der täglich angebotene orangefarbige Dosen-Cheddar verlor im Laufe der fünf Jahre seinen ursprünglichen Reiz.

Das Angenehme am Heimbetrieb war der Laissez-faire Stil der Erzieher, durchwegs unverheiratete junge Lehrer, die das Heim als günstige Wohngelegenheit nutzten. Wir wurden wie junge Erwachsene behandelt. Wer sich während der drei Lernstunden am Nachmittag und der Lernzeit von 19.30 bis 21.00 Uhr ruhig verhielt und keine negativen Schulleistungen hatte, wurde in Ruhe gelassen. Es gab keinerlei demütigende Strafen, sadistische Rituale oder sexuelle Belästigungen. Musiker hatten es allerdings nicht leicht. Das arg malträtierte Klavier im Speiseraum im Keller diente immer wieder als Depot für klangverfremdende Objekte wie Kleiderbügel, Suppenlöffel oder Fäustlinge. Als ein Mitschüler feststellte, dass die Elfenbeinplättchen auf den weißen Tasten genau so breit waren wie die Felder des Schachbretts, das er bastelte, und Plättchen vom oberen und unteren Ende der Tastatur („wo sie ja eh nur selten gebraucht wurden") ablöste, gab es zwar ein Donnerwetter, aber irgendwie hielt es niemand für wirklich notwendig, die Plättchen wieder anzubringen. An der Tristesse meiner Annäherungsversuche an Beethovens Sonatine in F hätte allerdings selbst eine gepflegter Bösendorfer-Flügel nichts geändert.

Unser Musikprofessor war der Linzer Domorganist Ludwig Daxberger, der auch den Brucknerchor leitete und jedes Jahr ein größeres Chorwerk zur Aufführung brachte. Um das Klangbild des Chors zu verjüngen, rekrutierte Daxberger sangesfreudige Zöglinge der LBA. Wenn man, wie es bei mir der Fall war, die Haydn'schen „Jahreszeiten", seine „Schöpfung" sowie das „Verdi-Requiem" jeweils ein ganzes Jahr lang probt, kann man sein Leben lang an jeder beliebigen Stelle dieser Werke mitsummen.

Einen Abend pro Woche verbrachte ich am Linzer Amerikahaus, eine großzügig ausgestattete Einrichtung zur Verbreitung eines positiven Amerikabildes mit einer großen Bibliothek und einem reichhaltigen Veranstaltungsprogramm. Für mich war das eine faszinierende Erweiterung des braven, mich arg unterfordernden Englischunterrichtes an der LBA. Den zweiten Abendausgang verwendete ich zum Besuch eines Schwedisch-Kurses an der Volkshochschule. Zufällig befand sich in der Baracke, in der die Volkshochschule untergebracht war, auch das schwedische Hilfswerk, das in Linz, wie in anderen kriegszerstörten Städten, den sozialdemokratisch inspirierten Aufbau von „Per-Albin-Hanson-" bzw. „Schwe-den"-Siedlungen förderte. Meine Schwedisch-Lehrerin machte mich mit dessen Leiter bekannt, der mich fragte, ob ich nicht Lust hätte, einen Sommer lang auf dem Bauernhof seines Schwiegervaters in der mittelschwedi-schen Provinz Dalarna zu arbeiten. Zu meiner und zur allgemeinen Überraschung gewährte mir der Direktor der LBA, den meine Begeisterung für Schwedisch amüsierte, und ich ein guter Schüler war, den Juni als zusätzlichen Ferienmonat, sodass ich im Sommer 1960 drei Monate als Bauernknecht im tiefsten schwedischen Hinterland verbringen konnte. Meine Arbeit war nicht schwer. Sie bestand hauptsächlich darin, beim Melken und alle paar Tage beim Aufstellen elektrischer Weidezäune zu helfen und – kein Scherz – das „Klassikprogramm" für den Kuh-stall auszuwählen; der Bauer war fest davon überzeugt, dass seine Kühe, wenn sie Mozart, Mendelssohn und Meyerbeer hörten, bessere Milch gaben. (Schweden hat mich übrigens nie mehr losgelassen. Ich schrieb meine Dissertation über die schwedische Schulreform des Jahres 1962, heiratete eine Frau mit einer Schwester in Schwe-den und habe in den vergangenen Jahrzehnten oft die „tretton dagar" zwischen Weihnachten und Dreikönig in den zugefrorenen Schären nördlich von Stockholm verbracht.)

Wie einige meiner Mitschüler musste ich in den Som-merferien „hackeln", um Taschengeld für das Schuljahr zu haben. Ich arbeitete als Hilfsarbeiter bei einer kleinen Gmundner Baufirma. Es war für mich eine heilsame, nachhaltige Lektion, an der proletarischen Solidarität einer Baustelle teilzuhaben und zu erfahren, wie einem an Freitagnachmittagen nach 40 Stunden schwerer körperlicher Arbeit zumute ist.

Die Übungsschule der LBA genoss in Linz zwar einen guten Ruf, war aber Lichtjahre vom Ideal einer Laboratory School im Sinne des amerikanischen Reformpädagogen John Dewey entfernt. Sie hatte eine der letzten Volksschuloberstufen von Linz, ein Sammelbecken leistungsschwacher, „schwieriger" Kindern, die – sonst überall abgeschoben – schulisch „nichts mehr zu verlieren hatten" und für uns Lehrer-Lehrbuben eine echte Herausforderung waren. Mir kam bei meinen Lehrauftritten ein bizarrer Umstand zugute. Einer meiner Klassenkameraden hatte eine Tante in den USA, die uns „echte" Blue Jeans schickte. Bei unseren Professoren löste das Tragen dieser damals noch raren „Schlosserhosen" Kopfschütteln und Irritation aus, für die „street-wise kids" der Oberstufe, die Blue Jeans vermutlich von der Jugendzeitschrift „Bravo" her kannten, waren das absolut coole Kult-Kleidungsstücke, deren „Echtheit" bestaunt, bewundert und betastet wurde. Der Übungsschullehrer konnte sich nicht erklären, warum die rauen Jungs, die sich den Unterrichtsbemühungen mancher meiner Kollegen mit gnadenloser Konsequenz verweigerten, bei meinem Freund und mir begeistert mitmachten.

Das Landschulpraktikum gab uns einen realistischen Einblick in das ländliche Oberösterreich. Durch einen administrativen Irrtum landeten nicht zwei, sondern acht Lehramts-Kandidaten in einer einklassigen Zwergschule in einem entlegenen Innviertler Dorf. Wir wurden notdürftig in Bauernhöfen untergebracht. Ich teilte mit einem Freund ein Zimmer, das schon eine Ewigkeit nicht mehr benutzt worden war – voller Spinnweben und toter Fliegen, ohne elektrisches Licht und ohne Waschgelegenheit. Das Plumpsklo befand sich am Rande der Jauchegrube und war nur über ein schmales Brett zu erreichen. Einmal musste mein Freund in der Nacht dieses Klo aufsuchen, kam vom Pfad der Tugend ab und trat in die Jauche. Da halfen auch die im Fach Landwirtschaftskunde erworbenen Kenntnisse nicht. Er kam erst zurück, nachdem es hell genug geworden war, um sich beim Brunnen die Füße zu waschen.

Da ich keine Schiausrüstung besaß, – meine Eltern hatte für so einen „bürgerlichen Luxus" kein Geld –, konnte ich nicht an den Schikursen teilnehmen. Einmal musste ich in der Schikurswoche für einen der Übungsschullehrer, der einen Kirchenchor leitete, ein Konvolut von Noten abschreiben. Ich empfand das als unfaire Zumutung und „ergänzte" die Noten großzügig da und dort mit # und *b*. In einem anderen Jahr studierte ein Professor mit den Nicht-Schifahrern ein Theaterstück ein. Meine Rolle in Nestroys „Frühere Verhältnisse" war die des Holzhändlers Scheitermann, der seine frühere Dienstbotenexistenz seiner Frau verschwiegen hatte, und dessen verarmter ehemaliger Chef sich bei ihm als Hausknecht bewirbt. Eine Schlüsselstelle ist die erste Konfrontation der beiden, bei der sie draufkommen, mit wem sie es jeweils zu tun haben. Dazu hatte ich einen dramaturgischen Einfall. Der Professor, der das Stück mit uns einstudierte, hatte die Gewohnheit, seinen rechten Daumen hinter den anderen Fingern zu verbergen; unter uns Schülern gab es das Gerücht, dass der Daumen gespalten wäre. Die Aufführung fand nach der Schikurswoche im Festsaal der LBA statt. Ich trat, bekleidet mit einem rot-samtenen Morgenrock des Professors, ganz an die Rampe und deklamierte, mit meinem versteckten rechten Daumen demonstrativ gestikulierend und den Akzent des aus Siebenbürgen stammenden Professors nachahmend, die Worte, mit denen Herr von Scheitermann seine Enttarnung zu verhindern versucht: „Ich bin nicht der, den Sie zu meinen scheinen". Große Heiterkeit im Saale.

Ich hatte noch einen zweiten öffentlichen Auftritt im Festsaal, und zwar in jener Funktion, die an amerikanischen High Schools „valedictorian" genannt wird und mir zufiel, weil ich fünf Jahre lang „Klassensprecher" gewesen war – als Abschiedsredner bei der Maturafeier. Da ich – wie sich herausstellte zu Recht – davon ausgehen konnte, dass meine Mitrednerin vom weiblichen Paralleljahrgang eine den ganzen Saal zu Tränen rührende Dankesrede halten würde, legte ich meine Rede „cool" an. Ich bastelte mir ein reformpädagogisches Luftschloss und trug meine Vision in jugendlicher Unbekümmertheit mit der kühnen Ansage vor, dass wir nun endlich so „progressiv" unterrichten würden, wie wir es für richtig hielten. Wohlwollend-amüsierte Skepsis im Auditorium, dann freundliches Schulterklopfen mit Bemerkungen wie „Sehr schön. Wir werden ja sehen …" In der Tat holte mich der Schulalltag meines ersten Dienstjahres als Junglehrer im oberösterreichischen Sauwald rasch und rüde auf den Boden der pädagogischen Wirklichkeit zurück.

DIE LEIDEN DES JUNGEN LEHRERS

Meine Lehrerkarriere begann nicht gerade verheißungsvoll. Ich konnte die Volksschule, der ich zugeteilt war, nicht finden. Der Brief des Bezirksschulrates Schärding nannte „Achleiten" als Dienstort. Ich war im Salzkammergut zuhause, und wie die meisten Oberösterreicher dachte ich beim Wort Achleiten sogleich an den „Achleitner Schlosskäse", aber das Käse-Achleiten konnte offensichtlich nicht meines sein, denn es liegt nicht im Bezirk Schärding. Mein Mittelschulatlas erwies sich als nutzlos, und Google Earth war Anfang der 1960er Jahre noch nicht erfunden. Ein Anruf beim Bezirksschulrat wäre mir wie ein Eingeständnis meiner Berufsunfähigkeit vorgekommen. Außerdem hätte ich zum Telefonieren zum Postamt gehen müssen, denn weder ich noch einer meiner Bekannten hatte damals ein Telefon. In meiner Not suchte ich den heimatlichen Gendarmerieposten auf, denn irgendjemand hatte mir gesagt, dass es dort eine ganz genaue Oberösterreichkarte gab. Ich wurde fündig: eine winzige Ortschaft auf einem Bergrücken des Sauwaldes oberhalb von Wernstein am Inn, das als Wohnort Alfred Kubins eine bescheidene Bekanntheit erlangt hat. Bei der Erkundung, wie man dorthin gelangt, boten sich mir – autolos wie ich war – zwei Optionen: mit dem Zug bis Wernstein zu fahren und dann zu Fuß mit dem Koffer etwa eine Stunde nach Achleiten aufzusteigen, oder nach Passau weiterzufahren, nach Österreich zurückzugehen und autostoppend auf einen Bauern mit einem Traktor oder auf einen mitleidigen, autofahrenden Zollbeamten zu warten.

Mein Arbeitsplatz war eine zweiklassige „Kaiser-Franz-Josef-Jubiläumsschule", die, wie viele Schulen in der Monarchie, zu einem runden Jubiläum der kaiserlichen Thronbesteigung 1848, vermutlich 1868, eröffnet worden war. Das nächstgelegene Wirtshaus war ungemütlich weit entfernt; wenn es überhaupt ein Gästezimmer gehabt hat, dann war es sicher eine Ewigkeit nicht mehr benutzt worden, nicht heizbar und mit Fensterbrettern voller toter Fliegen. Ich bezog daher dankbar das Zimmer im Schulgebäude, in dem 40 Jahre lang meine Vorgängerin, eine unverheiratete „Fräun", gewohnt hatte. Deren Ehelosigkeit resultierte entweder aus dem Mangel an geeigneten Ehekandidaten unter den ziemlich naturbelassenen Sauwälder Jungbauern, oder sie befolgte freiwillig weiter den Zölibat für Lehrerinnen, der in Oberösterreich bis 1918 gegolten hatte. Die Dekoration des Zimmers war ein Exzess von Roserln: auf den Tapeten, auf dem Teppich, auf der Bettwäsche, auf den Vorhängen, auf dem Geschirr … Geschirr brauchte ich eigentlich keines, denn so wie die kinderreiche Lehrersfamilie das alte Fräulein als „Tante" mitbekocht und mitversorgt hatte, wurde auch ich der Einfachheit halber als zusätzlicher Sohn adoptiert.

Von den beiden Klassen umfasste die eine die 1. bis 3. Schulstufe, die zweite die 4. bis 8. Schulstufe. (Die Volksschuloberstufen verschwanden erst allmählich mit dem Ausbau der Hauptschulen in den 1960er und 1970er Jahren.) Die Administration war herzerfrischend einfach und autonom. Mein Kollege, der Schulleiter, fragte mich zu Schulbeginn „Gruaba, welche Klass hast liaba?" Ich dachte mir, 1–3 klingt nach „weniger" als 4–8, und wählte die Kleinen. Unglücklicherweise schüchterte mein Hochdeutsch oder mein Habitus die kleinen Bauernkinder so ein, dass zwei von ihnen am ersten Schultag in die Hosen machten. Als wäre es das Alltäglichste auf der Welt wusch die Lehrersfrau die beiden Buben im Schulhof, gab ihnen reine Ersatzkleider aus ihrem Fundus und beim Mittagessen kam ich mit meinem Seniorkollegen überein, dass ich ab dem zweiten Schultag mit ihm tauschen und doch lieber die Klasse mit den älteren Schülern übernehmen wollte.

Als blauäugiger Junglehrer hatte ich allerhand „progressive" Unterrichtsideen im Kopf. Als ich die Bänke zum Gruppenunterricht umstellen wollte, musste ich feststellen, dass sie seit der Schulgründung vor etwa hundert Jahren nicht bewegt worden waren. Zwischen den doppelsitzigen Bänken hatten hunderte von Kinderfüßen im Laufe der Jahrzehnte tiefe Rillen in den Ziegelboden der Klasse geschliffen, vergleichbar den römischen Radfurchen in den Straßen von Pompei, so dass die Bänke auf mehrere Zentimeter hohen kleinen Inseln standen. Da es unmöglich war, die Bänke außer auf ihren „angestammten" Plätzen waagrecht aufzustellen, musste ich diese Innovation abbrechen.

Es mag biedermeierlich-nostalgisch klingen, aber die Schulwelt im Sauwald war damals noch heil: die Kinder pflückten für mich auf dem Schulweg Erdbeeren und Blumen und als sich herumsprach, dass ich bei der Lehrerfamilie wohnte, fand ich auf meinem Lehrertisch hin und wieder Speck, Butter, Bauernbrot und Eier vor. Beamtenbestechung? Nicht wirklich. Die Eltern zeigten Respekt vor der Institution Schule, aber sie hatten keine Ambitionen nach weiterführender Bildung für ihre Kinder, die „den Hof übernehmen" oder ein vertrautes Handwerk erlernen sollten. Es war die Zeit der Windstille vor dem bildungspolitischen Aufbruch der Kanzlerschaft Bruno Kreiskys. Die älteren Kinder der Lehrersfamilie besuchten allerdings trotz des mühsamen langen Schulwegs das Schärdinger Gymnasium.

Aus heutiger Sicht befremdlich war die generelle Bereitschaft der Eltern, mir ihre Züchtigungsgewalt zu übertragen. „Wenn der Bua net folgt, hauen Sie ihn nur." Es wäre mir nicht im Albtraum eingefallen, meine Schützlinge zu hauen. Ich mochte diese durchwegs ein bisschen nach Stall riechenden Kinder, und sie mochten mich trotz des Mangels, nicht die lokale Mundart zu sprechen und nicht gewusst zu haben, was eine „Dult" ist. (Um allen Nicht-Innviertlern heute das Googeln zu ersparen: ein mehrtägiger Kirtag.) Die Kinder waren froh, in der Schule zu sein. Als hin und wieder ganz gesund wirkende Kinder fehlten, und ich meinen Direktorkollegen fragte, was ich wegen der ausbleibenden Entschuldigungen tun soll, sagte er „Nix" – ältere Kinder müssten auf dem Hof mithelfen und selbst Mädchen auf den Feldern mit dem Traktor fahren; die Bauern würden unser Augenzudrücken nicht missbrauchen. Ich fand diesen unbürokratischen, auf Vertrauen, Hausverstand und gegenseitiger Wertschätzung beruhenden Schulalltag sehr angenehm.

Im Unterschied zu diesem idyllischen Landlehrerleben war der Betrieb an der Hauptschule Andorf „professioneller" (ein Wort das damals niemand verwendete). Andorf war eine aufstrebende Markgemeinde am südlichen Rand

des Sauwalds, mit kleinen und mittelgroßen Gewerbe-
und Industriebetrieben in einem landwirtschaftlichen
Umfeld. Als ich im Herbst 1961 nach Andorf kam, gab
es dort eine „typische" einzügige Landhauptschule (Die
Zweizügigkeit der Hauptschulen wurde erst mit dem
SchOG 1962 beschlossen). Mit Ausnahme der Arztkinder,
die nach Schärding ins Gymnasium pendelten, besuchten
alle Kinder des Ortes die begabungsmäßig so gut wie
nicht „ausgelaugte" bzw. „abgesahnte" Hauptschule.

Ich bezog in der Wohnung des kinderlosen Schulwarte-
Ehepaars im Schulhaus ein nicht heizbares Kabinett. Da
die sparsame Gemeinde die Schule auf ein sumpfiges
Grundstück gebaut hatte, fror im Winter die Tuchent
meines Bettes des Öfteren an der feuchten Zimmerwand
an. Für die Schulwartin war ich der Sohn den sie nie hatte;
während sie kochte oder bügelte, erledigte ich auf dem
Küchentisch meine Vorbereitungen und Heftkorrekturen.

Ich unterrichtete Englisch, Deutsch, Musik und Kna-
benhandarbeit. In der Lehrerbildungsanstalt hatten wir
allerhand Nutzloses gelernt, darunter im Fach „Landwirtschaftskunde" das Anlegen einer Jauchegrube (da
Sie fragen – auf der windabgewandten Seite des Hofes),
den Herausforderungen des Werkens stand ich jedoch
besonders unvorbereitet gegenüber. Hätte mir nicht der
sehr geschickte Schulwart „Nachhilfestunden" gegeben,
hätten meine Vogelhäuschen noch trauriger ausgesehen
als so. À propos trauriges Aussehen: Am Tag vor meiner
Angelobung musste ich mich einer Zahnwurzelbehand-
lung unterziehen. Die schmerzstillende Injektion, die mir
der Zahnarzt verabreicht hat, hätte für mehrere Pferde

gereicht. Am Abend war ich richtig hungrig. Obwohl meine Lippen noch immer völlig gefühllos waren, begann ich zu essen, und ohne etwas zu spüren, biss ich mir mehrmals in die Unterlippe. Als ich am nächsten Tag in Schärding mit geschwollener, blutiger Lippe dem Bezirkshauptmann zur Angelobung gegenüberstand, bemerkte er sarkastisch-anerkennend „Aha, der Herr Lehrer hat schon Bekanntschaft gemacht mit den Kopfinger Raufern." (Kopfing ist ein hübscher Ort im Sauwald, der damals für die Rauflust seine jungen Männer bekannt war.) Und dann spendierte er, entweder weil es zum Angelobungsritual gehörte oder weil er sadistisch veranlagt war, mir und den anderen Junglehrern ein Schnaps, der auf meiner Lippenwunde natürlich höllisch brannte. Ich verzog – wie ein Kopfinger – keine Miene.

Die Schülerschaft der Andorfer Hauptschule umfasste das gesamte Begabungsspektrum, von Schülern, die mit Ach und Krach die Mindeststandards erreichten, bis zu Schülerinnen, die hochbegabt und hochmotiviert waren. Um letztere in Englisch und Deutsch zu fördern tat ich das, was ich als lernwilliger Hauptschüler selber erfahren hatte: „enrichment", d.h. individuelle Anreicherung des Unterrichts. Ich bot ihnen zusätzliche, anregende Materialien an, borgte ihnen Bücher, setze mich mit ihnen zusammen und ermunterte sie „to go the extra mile". Ich gebe gerne zu, dass es damals sowohl für mich als auch für die Schülerinnen mehr Zeit für ernsthaftes Lernen und sehr viel weniger Ablenkungsmöglichkeiten gab. Andorf hatte kein Kino, das Fernsehen war erst im Kommen und natürlich existierten weder Handy noch Facebook. Als ich einmal wegen Komplikationen nach einer Mandel-operation zwei Wochen im Welser Spital lag, schrieben mir zwei Schülerinnen jeden Tag in gestochener Schrift und in fehlerlosem Englisch eine Postkarte. Am Ende meines Aufenthalts erwartete das gesamte Personal der HNO-Station – Postgeheimnis hin oder her – neugierig meine tägliche Karte.

Mein Hausherr, der Schulwart, ein Kettenraucher und regelmäßiger Wirtshausgeher, ließ mich wissen, dass man sich im Ort Sorgen machte um meine soziale Integra-tion. Warum? Ich ging außer zum Mittagessen nicht ins Wirtshaus. Da half es nichts, zu entgegnen, dass ich keine Lust hatte, als Nichtraucher in einer verqualmten Gaststube stundenlang über VW-Käfer mit geteilter oder ohne geteilte Heckscheibe zu diskutieren oder mir unglaubwürdige Jagdgeschichten anzuhören. Ich wan-derte lieber in der frischen Luft über die Felder, an deren Horizont man die sanften Hügelketten des Sauwaldes sehen konnte. Der Schulwart wollte diese soziale Selbst-ausgrenzung nicht länger akzeptieren und meldete mich, ohne mich zu fragen, zur Teilnahme an einer Exkursion lokaler Honoratioren zur Bundesheerkaserne in Ried im Innkreis an. Mir blieb nichts übrig als mitzufahren, war aber im Unterschied zu den Amateur-Militärstrategen in der Reisegruppe nicht bereit, einen Beitrag zur Lösung der Frage zu leisten, „was der Hitler tun hätte müssen, damit wir den Krieg nicht verspielen". Der Ausflug bewirkte keine nachhaltige Resozialisierung.

Es gab noch einen anderen Grund dafür, dass ich in Andorf keine Wurzeln schlug, und den kannte nur die

Schulwartin. Ich war verliebt in eine junge Lehrerin, die in einem anderen Viertel Oberösterreichs unterrichtete. Ich träumte davon, mit ihr eine zweiklassige Zwergschule wie die von Achleiten zu übernehmen, als eine Art „pädagogischen Familienbetrieb". Da die Verkehrsverbindungen zwischen ihrem und meinem Dienstort miserabel waren, konnten wir einander längere Zeit nicht treffen, sondern nur schreiben. Da erhielt ich eines Tages aus heiterem Himmel das, was man in Amerika einen „Dear John Letter" nennt: einen Brief, der beginnt mit „Dear John, wir werden immer gute Freunde bleiben, aber ich habe jemand anderen kennengelernt und es ist aus zwischen uns". Ich war am Boden zerstört. Das Kartenhaus meine Zukunftsvorstellungen stürzte zusammen. Erfolglos versuchte die Schulwartin mich zu trösten. In meiner Verzweiflung beschloss ich, alle „ihre" Briefe und Fotos zu verbrennen. Beim Hineinstopfen der Briefe in die runde Öffnung der Platte des Tischherdes warnte mich die besorgt zusehende Schulwartin „Gruaba, tuas net, du wirst es bereuen." Ich tat es aber, und sie hatte Recht – ich bereue es noch heute.

Um mich abzulenken, bewarb ich mich um ein Fulbright-Stipendium zum Studium den USA. Die Fulbright-Kommission war offensichtlich überrascht und amüsiert, dass sich unter den zahlreichen Bewerbern, die meisten von ihnen fortgeschrittene Studenten der Anglistik mit sehr gutem Studienerfolg oder bereits abgeschlossenem Studium, auch ein Junglehrer im Hubertusmantel aus dem Sauwald befand, aber ich konnte sehr gut Englisch und verfügte über ein ungewöhnliches Qualifikationsprofil. Ich erhielt ein Stipendium. Das Jahr an der kleinen Universität in Minnesota im oberen Mittelwesten der USA war faszinierend, abenteuerlich und lehrreich, aber das ist, wie es so schön heißt, eine andere Geschichte.

Ich hatte Zeit nachzudenken, wie es weitergehen könnte. Die Lehrerbildungsanstalt hatte uns nur eine Schmalspur-Allgemeinbildung vermittelt, das Studium in Minnesota eröffnete mir „the world of learning". Ich schrieb aus den USA einen Brief an den Bezirksschulrat Schärding, dass ich vorhatte, nach der Rückkehr nach Österreich meine Lehrertätigkeit zu beenden, um in Wien zu studieren. Der Bezirksschulinspektor war (wie übrigens auch mein Vater) über diesen undankbaren Verzicht auf eine gesicherte Beamtenexistenz sehr erzürnt. Nach meinem Dienstantritt wurde ich mehr oder weniger strafweise zum „Springer" degradiert, d.h. wenn irgendwo im Bezirk einem Lehrer die Gallensteine oder einer Lehrerin die Krampfadern entfernt wurden, musste ich für die Zeit des Krankenstandes einspringen. Mir machte es überhaupt nichts, aus dem Koffer zu leben; ich lernte auf diese Weise etliche schöne Orte des Sauwaldes kennen, und konnte die Schülerinnen und Schüler mit meinen rezenten Abenteuern im „Wilden Westen" belehren und belustigen.

Die letzte Postierung in der allerletzten Woche meines Landlehrerdaseins hat meinen Beschluss, den Lehrberuf zu verlassen, allerdings ins Wanken gebracht. Ich wurde an eine Volksschule versetzt, an der eine sehr nette, humorvolle, hübsche Lehrerin unterrichtete. Sie liebte wie ich Englisch und wir entdeckten viele andere gemeinsame Interessen. Sie war sportlich, kletterte auf Bäume und pflückte Äpfel, die wir vergnügt gemeinsam aßen. (Nein, vergessen Sie „Adam und Eva".) Ihre Mutter hatte herausgefunden, dass ich gerne Honig aß, und brachte mir täglich in den Pausen Honigbrote. Es war zu wenig Zeit, die Situation in ihrer vollen Tragweite „zur Sprache zu bringen", aber irgendwie lag die Zeile aus Schuberts Winterreise „...das Mädchen sprach von Liebe, die Mutter gar von Eh' ..." in der Luft. Doch wie das Unheimliche, das auf vielen Kubin-Zeichnungen die Szene verdüstert, schwebte über dieser schönen Woche die dunkle Wolke meines Abgangs nach Wien, für den schon weitreichende Entscheidungen getroffen waren. (Außerdem scheint es irgendwo im Hintergrund einen jungen Zollinspektor gegeben zu haben.)

Am letzten Tag brachte mich die Lehrerin in ihrem VW Käfer nach Passau zum Bahnhof. Es war nebelig, herbstlich kühl, alles farblos in unterschiedlichen Grautönen, der Bahnsteig menschenleer, Rauchschwaden von einer Dampflok ... Unser Abschied war fast wie die Schlussszene des Films „Casablanca", nur mit vertauschten Rollen: Ich bestieg als Humphrey Bogart den Nachtzug nach Wien, sie blieb als Ingrid Bergman auf dem Bahnsteig zurück.

DID YOU EVER SING KŘENEK?

No, I didn't. Es war sogar noch viel schlimmer. Ich hatte nicht die geringste Ahnung, wer „Křenek" war. Meine Musikerziehung hatte bei Anton Bruckner geendet. Ich empfand die Frage als unfair. Wir waren schließlich in St.Paul im amerikanischen Bundesstaat Minnesota, für meine in Österreich zurückgebliebenen Freunde im „Wilden Westen". Der freundliche Chorleiter merkte meine Verlegenheit und stellte die Frage, mit der ich gerechnet hatte: Was hast Du schon gesungen? Ich brauchte beim Aufzählen der mir vertrauten Chorwerke nicht einmal alle Finger einer Hand: Haydns „Schöpfung", „Die Jahreszeiten" und das Verdi-„Requiem". Ich hatte als Student der Linzer LBA bei Aufführungen des Linzer Brucknerchores mitwirken dürfen, vermutlich nicht wegen meiner schönen Stimme, sondern um das Durchschnittsalter des Chores unter 70 Jahre zu senken. Als ich nicht ohne Stolz erwähnte, dass wir diese drei Stücke jeweils ein ganzes Jahr lang einstudiert hatten, war der Musiker nicht, wie ich erwartet hatte, beindruckt, sondern offensichtlich amüsiert. Mr. Halliday, so hieß der Leiter des *Hamline University Choir*, klopfte mir auf die Schulter, sagte „Karl, you will make an excellent member of our audience". Meine amerikanische Chorsängerkarriere war zu Ende, noch ehe sie begonnen hatte. Wie sich herausstellte, hatte ich mich um die Aufnahme in einen der besten amerikanischen A-capella-College-Chöre beworben, der Křenek, Tallis, Messiaen, Gesualdo und andere Musik sang, bei der es von Vorteil war, wenn man Noten lesen konnte.

(Ich sang mehr „nach dem Gehör"). Bei meinem nicht sehr starken Abgang wagte ich es dennoch zu fragen: „Who is Křenek"?

Nun, es war der Komponist Ernst Křenek, „a fellow Austrian", der sich mit seiner Jazz-Oper „Jonny spielt auf" den Hass der Nazis zugezogen hatte. Er war 1938 in die USA emigriert und im Jahr 1942 dort gelandet, wo ich im Herbst 1962 ein Studienjahr als Fulbright-Stipendiat antrat: an der *Hamline University* in St.Paul, Minnesota, einem kleinen feinen privaten Liberal Arts College, das hin und wieder halb im Ernst als das „Harvard des Mittelwestens" bezeichnet wird, mit Harvard jedoch bloß den Anfangsbuchstaben „H", die Collegefarbe „Crimson" und ziemlich hohe Studiengebühren gemeinsam hat. Ernst Křenek war von 1942 bis 1947 Direktor des Hamline Music Department. Er machte Hamline – unterstützt vom Dirigenten des *Minneapolis Symphony Orchestra*, Dimitri Mitropoulos – zum Zentrum der zeitgenössischen Musik der „Twin Cities" Minneapolis und St.Paul und komponierte während der fünf Jahre auf dem eleganten Vorstadt-Campus etliche seiner Chor- und Kammermusikwerke. Mr. Halliday war zuerst Weggefährte, dann Nachfolger Křeneks. Die Konzerte des *Hamline Choir*, mit mir als „excellent member of the audience", waren ausgezeichnet.

Da ich vor der Abreise in die USA Lehrer gewesen war, durfte ich mir als „special student" aus dem Studienangebot ein Programm maßschneidern, das mir viel Zeit für die Erkundung des amerikanischen Schulwesens ließ. Ich hatte weder Auto noch Führerschein und war darauf

angewiesen, dass mich Lehrerstudenten in ihren pastell-
farbenen Karossen von der Größe eine Kleinwohnung
zu ihren Praktikumsschulen im ländlichen Minnesota
mitnahmen. Wir fuhren stundenlang durch endlose Wei-
zen- und Maisfelder, ehe die am Horizont auftauchenden
riesigen Getreidesilos Ortschaften signalisierten. Mir war
damals noch nicht bewusst, dass die von mir besuchten
Schulen nur einen der drei Haupttypen amerikanischer
Schulen repräsentierten, nämlich den Idealtyp der „All-
american Highschool", die Urmutter aller Gesamtschulen:
Schulen die von allen Kindern und Jugendlichen eines
Ortes besucht werden; Schulen in denen das Fach „Life
Science" verpflichtend ist, in dem Burschen wie Mädchen
das Wickeln eines Babys, das Wechseln eines platten Auto-
reifens und die Führung eines Familienbudgets lernen;
Schulen, deren weitgefächertes Lehrangebot die Demarka-
tionslinien zwischen Allgemeinbildung und Berufsbildung
aufhebt; Schulen, die über eine große „Marching band"
mit farbenprächtigen Uniformen verfügen, daneben aber
auch über ein Orchester, einen Chor, ein Kammermusik-
ensemble und natürlich etliche Rockgruppen; Schulen,
die danach trachten, ihre begabten und ambitionierten
Schüler zu Spitzen-Stipendiaten („National Merit Scho-
lars") zu fördern, zugleich aber die lokale (Land)Wirt-
schaft mit Getreidebauern, Rinderzüchtern, Sekretärinnen
und Automechanikern zu versorgen. Viele Highschools
sind groß, mit nicht selten 2000 oder mehr Schülern,
und die An- und Abfahrten der Flotten gelber Schul-
busse, robuste, seit Jahrzehnten gleichbleibende Ikonen
der amerikanischen Landstraßen, sind logistische und

choreographische Meisterstücke. Die Gastfreundschaft dieser Schulen musste ich in der Regel mit einem Mozart-Apfelstrudel-Lippizaner-Lederhosen-Vortrag abarbeiten.

Das Křenek-Desaster war keineswegs der musikalische Tiefpunkt meines Fulbright-Jahres. Zu meinem Stipendium gehörte ein „99/99 Greyhound Busticket", das es mir ermöglichte, um 99 Dollars 99 Tage lang das gesamte nordamerikanische Streckennetz der *Greyhound Bus Company* zu befahren. Ich benutzte die Osterferien, um über Salt Lake City nach Kalifornien, zum Grand Canyon und sodann den Mississippi aufwärts wieder nach Norden zurückzufahren. Ich kam am Palmsonntag in Salt Lake City an und wollte unbedingt den (zumindest damals) berühmten *Mormon Tabernacle Choir* hören. Da es von der Busstation angeblich „just a few blocks" zum Mormon Tabernacle waren, ging ich zu Fuß und kam mit ordentlicher Verspätung zum 11 Uhr Konzert. Ich wartete bis der Chor eine Pause machte und versuchte die Tür, die etwas zu klemmen schien, leise aufzudrücken. Unglücklicherweise drückte ich an der „falschen" Tür-hälfte, so dass plötzlich beide Türflügel mit einem lauten Knall aufsprangen. Mehrere Tausend Mormonen drehte sich um – und fingen schallend zu lachen an. Der Grund der mormonischen Heiterkeit war meine Kleidung. Vor der Abreise in die USA war uns „Fulbrightern" (– ich war damals braver Junglehrer in einer Schule im ober-österreichischen Sauwald –) gesagt worden, wir wären „Botschafter Österreichs" und sollten uns entsprechend kleiden und aufführen. Während der langen Busfahrt und auch beim Eintritt in den Mormonentempel trug ich, ganz österreichischer Botschafter, einen grauen Walkjanker mit silbernen Maria-Theresien-Taler-Knöpfen, ein grüne Bergsteiger-Knickerbocker und von meiner Mutter gestrickte Stutzen mit Zopfmuster. Nach einer Ewigkeit von Peinlichkeit geleiteten mich zwei von wiederkehrenden Lachanfällen geschüttelte Kirchendiener zu einem der Ehrenplätze in der ersten Reihe. Schließlich beruhigte man sich, das Konzert ging weiter, ich stellte mich tot. Es wurde kein Křenek gesungen.

30 Jahre später, während eines Sabbatical an der *Harvard University Graduate School of Education*, lernte ich in Boston und Cambridge, Massachusetts die beiden anderen hauptsächlichen Erscheinungsformen amerikanischer Schulen kennen: die von allen möglichen sozialen Problemen geplagten „urban highschools" und die privilegierten „suburban highschools" in den gepflegten Vorstädten. Die Besuche von „urban schools" in den verarmten Vierteln von Boston und Cambridge, selbst in der unmittelbaren Nachbarschaft von Harvard, waren einigermaßen ernüchternd. Auch bei Schulbesuchen, die für mich von der Universität arrangiert waren, musste ich beim Betreten der Schulen wie am Flughafen durch eine Sicherheits-Schleuse treten, die mich auf Waffenbesitz checkte; es wurde mir eine riesige orange Plakette mit der Inschrift „Official Visitor" an das Jackett geklebt, die mich weithin sichtbar von „inoffiziellen Besuchern" unterschied, die unter irgendeinem Vorwand in die Schule zu kommen versuchten, um Schülern Drogen anzudrehen.

Dass schulische Armut durchwegs eine dunkle Gesichtsfarbe hat, ist das Resultat von „white flight", der „Flucht" der weißen Mittelschicht in die grünen Vorstädte. Die Benachteiligung der „urban schools" wird durch den unglücklichen Umstand verstärkt, dass die Schulfinanzierung auf der Grundsteuer basiert; das steuerliche Aufkommen für die innerstädtischen Schulen in Vierteln mit hoher Arbeitslosigkeit und desolaten Wohnblocks ist viel niedriger als für die Schulen in den wohlhabenden Vorstadtsvierteln. Der Finanzausgleich durch bundesstaatliche Aktionen wie das Projekt „No Child Left Behind" kann der sozialen Segregation und dem kulturellen Auseinanderdriften der armen und reichen Schuldistrikte nicht nachhaltig entgegenwirken.

Während einer meiner „ethnographischen" Erkundungen an einer großen Highschool in einem tristen Viertel von Cambridge geriet ich in einen Schulteil, den ich wegen des Fuhrparks abgestellter Kinderwägen zuerst für eine der Schule angeschlossene kommunale Einrichtung hielt, was sich jedoch als schuleigene Kinderkrippe entpuppte, an der die Babies von etwa 25 afro-amerikanischen Schülerinnen zwischen 15 und 18 Jahren untergebracht waren. Die jungen Mütter lernten weiter für den Highschool-Abschluss und stillten in den Pausen ihre Babies. Sehr viel Lehrerenergie und Ressourcen werden an den innerstädtischen Schulen in die pure „Aufrechterhaltung des Betriebes" investiert. Befragt, in welchem einzigen Wort sich ihre berufliche Situation zusammenfassen ließe, nannten viele Lehrer das Wort „survival" – Überleben.

In den „green leavy suburbs", den wohlhabenden Vorstädten mit ihren endlosen Reihen geräumigen Einfamilienhäusern auf gepflegten Rasengrundstücken, geht es den Schulen sehr viel besser. Wie man nicht erst seit Filmen wie „American Beauty" weiß, sind auch sie keine heilen Welten, aber sie sind in der Regel bestens ausgestattet, ihre Lehrer sind um ein Drittel höher bezahlt als ihre innerstädtischen Kollegen und die starke Anteilnahme ambitionierter Eltern am Schulleben sorgt für ein förderliches Lernklima.

Harvard mag eine „Elite-Universität" sein, ihre Graduate School of Education nimmt sich jedoch mit beeindruckender Radikalität und Offenheit der Schwächen des amerikanischen Schulwesens und der Diskrepanz zwischen dem „American dream" und dem amerikanischen Schulalltag an. Harvard ist allerdings nicht bloß intellektuell Weltklasse, es hat auch einen hohen musikalischen Unterhaltungswert. Alles was in der Musikwelt Rang und Namen hat kommt am Harvard Square vorbei: während meines Aufenthalts waren es Alfred Brendel, das Chronos Quartett, Ton Koopman, The Hilliard Ensemble ... Man braucht bloß eine bisschen zu warten, dann kann man hier auch Křenek hören.

DER BÄCKER UND ICH

Im Sommer 1978 waren im Wiener Wilhelminenspital zwei Männer Bettnachbarn, die das Schicksal in kritischen, stressigen Phasen ihrer Karrieren aus der Bahn geworfen hatte. Der eine war ein Bäcker, der aus dem burgenländischen Kittsee nach Wien gezogen war um sich hier eine neue Existenz aufzubauen; er war nach einem Schlaganfall halbseitig gelähmt. Der andere war ein Universitätsassistent, der dabei war, seine Habilitationsschrift einzureichen – ein entscheidender Schritt in der akademischen Laufbahn; er hatte sich eine „hämorrhagisch-nekrotisierende" Pankreatitis zugezogen. (Googeln Sie es lieber nicht). Der Bäcker wurde auf eine Schädeloperation vorbereitet, die das Blutgerinnsel in seinem Gehirn und seine Lähmung beseitigen sollte, der Assistent wurde nach einer komplizierten Operation und sieben Wochen intravenöser Ernährung in der Intensivstation wieder aufgepäppelt. Der Assistent war ich. Der Bäcker war Johann Ströck, der „Ur-Ströck", dessen Firma heute zig-tausende Wienerinnen und Wiener mit Brot und Gebäck versorgt.

Die Belegschaft des 8-Bett-Zimmers war ein bunt zusammengewürfelter Haufen von einfachen Kassenpatienten, an dem Fritz von Herzmanovsky-Orlando seine helle Freude gehabt hätte: ein hünenhafter, kettenrauchenden Kesselschmied, dem ein Bein abgenommen worden war und dem unterwegs zu seinen nächtlichen Rauchpausen im Klo häufig geräuschvoll eine seiner Krücken aus der Hand fiel; ein schwindsüchtiges Männchen, das nur mehr

37 Kilo wog und sich herzzerbrechend abmühte, zuzunehmen und sich bei den Lungenfunktionsprüfungen wenigstens einen Hauch abzupressen; ein Herzinfarkt-Rekonvaleszent, der von seiner Frau verlangte, dass sie ihm täglich in einer Thermosflasche Grünen Veltliner brachte; ein weiterer Herzinfarkt-Patient, der mit dem Spruch „Die Ärzte wollen leben, die Pharmaindustrie will leben und ich will auch leben" regelmäßig den Großteil der am Morgen ausgehändigten Medikamente in die Toilette warf; ein alter Sauerkraut-Produzent, der beschlossen hatte, sich zu Tode zu hungern, weil ihn seine Lebensgefährtin verlassen hatte; und schließlich der Hausmeister eines Gemeindebaus, den alle für einen arbeitsscheuen Simulanten hielten und der den ganzen Tag das las, was man in meiner Jugend in Oberösterreich „Schundheftln", in Wien jedoch großzügig „Romane" nannte.

Johann Ströck – für alle „der Herr Ströck" – strahlte eine ruhige, natürliche Autorität aus, die ihn trotz seiner Behinderung zum inoffiziellen, allseits respektierten „Sprecher" des Zimmers machte. Er griff schlichtend ein, wenn es Zwist über die Zugluft zwischen offenen Fenstern gab; er reklamierte bei der Abteilungsschwester, wenn das mittägliche Rindfleisch zu zäh war, und er erinnerte, wenn es nötig war, das Personal an die im Hause geltenden Standards. Als ich einmal längere Zeit sehr hoch fieberte, verbreitete sich im Krankenzimmer der Geruch von feuchtem Holz. Ich hatte die dünnen Matratzen durchgeschwitzt und die Feuchtigkeit hatte die darunterliegende Sperrholzplatte aufgeweicht. Die überforderten Schwestern wollten sich damit begnügen, einfach die Matratzen und die Holzplatte zu wenden. Ich war zu geschwächt, um Einspruch zu erheben, aber da trat Herr Ströck in Aktion: Mit ruhiger, aber sehr bestimmten „Chefstimme" erklärte er, dass ihm diese Maßnahme nicht sehr professionell vorkam, und es „in einem gut geführten Spital wie dem Wilhelminenspital" (das bisschen Ironie musste sein) kein Problem sein sollte, ein ordentliches Ersatzbett zu besorgen. In kürzester Zeit war ich, wie man in Deutschland so schön sagt, „in trockenen Tüchern". Als wir erfuhren, dass die Operation von Herrn Ströck die Lähmung nicht beseitigen konnte, waren wir alle sehr betroffen. (Immerhin konnte er als „Senior-Chef" das Wachstum der Firma zwei weitere Jahrzehnte mitverfolgen; er starb im Jahr 2000.)

Johann Ströck war zwar älter als ich, und wir hatten bildungsbedingt sehr unterschiedliche Interessen, aber wir verstanden uns bestens. Ich wusste wenig mehr über das Bäckerhandwerk, als dass Bäcker sehr früh aufstehen müssen; er erklärte mir, wie eine Bäckerei tatsächlich funktioniert. Er wiederum hatte einen übergroßen Respekt vor der Institution Universität; ich gab ihm einen realistischen Einblick in den Alltag des Wissenschaftsbetriebs abseits vom traditionellen Pomp der Promotionen im großen Festsaal.

Als ich wieder halbwegs zu Kräften gekommen war, wurde ich unruhig und ungeduldig, weil meiner Habilitationsschrift noch die Einleitung fehlte. Herr Ströck hatte bei seinen disziplinierten, dem Muskelschwund entgegenwirkenden Wanderungen durch die Abteilung festgestellt, dass es am Ende eines Korridors ein ruhiges, so gut wie unbenutztes Kammerl mit einem Tisch und ein paar Sesseln gab. Ich bat den Primar, dieses Zimmer nutzen zu dürfen; meine Frau brachte mir meine kleine Reiseschreibmaschine ins Spital und es begann folgendes Ritual: Nach der morgendlichen Visite zog ich mich in mein „Studierstübchen" zurück und klopfte meinen Text in die Maschine; irgendwann fragte mich Herr Ströck, ob es mir etwas machen würde, wenn er mir dabei ein bisschen Gesellschaft leistet. (Die Tage sind lang im Spital.) Ich stimmte gerne zu, und was sich dann ergab war ein „informelles Habilitationskolloqium", nicht zwischen mir und einer professoralen Kommission, sondern zwischen mir und dem Bäcker Ströck. Er begann in meinen Texten zu lesen. Das Thema meiner Habilitation aus dem Fachbereich „Vergleichende Erziehungswissenschaft" waren die englischen Grund- und Sekundarschulreformen der 1960er und 1970er Jahre. Herr Ströck war beeindruckt von der Kinderfreundlichkeit, der Professionalität und dem Fairness-Anspruch der englischen Schulentwicklung, die ich in jahrelanger Feldforschung in verschiedenen Regionen Englands erkundet hatte; seine Irritation durch die wissenschaftliche Fachsprache war allerdings unvermeidlich. Er stellte die berechtigte Frage, ob Ausdrücke wie „Alienation", „affektive Distanz", „multiple Deprivation" nicht eine Verschlüsselung bedeuteten, die für den allgemeinen öffentlichen Bildungsdiskurs „rückübersetzt" werden müssten. Ich erklärte ihm, dass ich mit der Habilitationsschrift der „scientific community" beweisen musste, dass ich methodisch und sprschlich auf dem letzten

Stand des internationalen sozialwissenschaftlichen Diskurses war, gab aber gerne zu, dass es durchaus so etwas gibt wie akademisches Imponiergehabe und kunstvoll getarnte Gelehrsamkeit. Herr Ströck hat mir bei unseren Gesprächen im Kammerl eine wichtige Lektion erteilt: Die Ergebnisse der Bildungsforschung müssen so verständlich und verlässlich dargestellt werden, dass auch Krankenschwestern in Gmunden, Kellnerinnen in Landeck und Bäcker in Kittsee an der öffentlichen Bildungsdebatte teilnehmen können. Er ist mit „Schuld" daran, dass ich immer wieder in der Tageszeitung DER STANDARD und auf den Österreich-Seiten der deutschen Wochenzeitung DIE ZEIT Kommentare über Bildung, Bildungspolitik, Schule, Lehrer und Lernen veröffentliche.

Einmal hat sich Herr Ströck umsonst Sorgen gemacht. Anlässlich eines Besuchs seiner Söhne im Spital bat er mich ans Fenster. Unten war ein absolut cooler, silberfarbener amerikanischer „Straßenkreuzer" mit einem eindrucksvollen Adler auf der Kühlerhaube vorgefahren; ihm entstiegen die beiden jungen Ströcks. Er sagte zu mir: „Herr Doktor," – ich konnte ihm nicht abgewöhnen, mich Herr Doktor zu nennen – „diese Buam müssen in den nächsten Tagen bei der Welser Messe eine Semmelstraße kaufen, weil ich ja leider nicht von hier wegkann. Glauben Sie, dass jemand, der sich so einen Adler aufs Auto malen lässt, eine so heikle Aufgabe schaffen kann?" Ich entgegnete ihm, dass die „private" Begeisterung junger Männer für Autos sehr wohl mit beruflicher Tüchtigkeit verträglich ist. Und, wie es scheint, haben die Ströck-Söhne damals nicht nur den Ankauf der Semmelstraße, sondern in den folgenden vierzig Jahren auch sonst noch einiges geschafft.

DAS BESTE SCHULSYSTEM DER WELT

Bei einem Abendessen mit Freunden, die wissen, dass ich mich seit Jahrzehnten hauptberuflich mit ausländischen Schulsystemen beschäftige, und die auch wissen, dass ich seit einigen Monaten Großvater eines allerliebsten kleinen Bürschchen namens Luis bin, stellte man mir zu fortgeschrittener Stunde die Frage: „Einmal abgesehen von der Unmöglichkeit der Realisierung: Für den kleinen Luis würdest du doch sicher das beste Schulsystem der Welt aussuchen. Wo sollte er zur Schule gehen?" Um ein bisschen Zeit zu gewinnen, erzählte ich eine Begebenheit, die ich vor Jahren anläßlich einer OECD-Konferenz erlebt hatte. Als der schwedische Delegierte – nicht ganz im Ernst – erklärte, es sei die Absicht der schwedischen Regierung, das schwedische Schulsystem zum besten der Welt zu machen, entgegnete sein norwegischer Kollege verschmitzt, in Norwegen sei man viel bescheidener: man wolle bloß, dass das norwegische Schulsystem besser sei als das schwedische. Es wurde gelacht. Ich fügte hinzu, dass nunmehr möglicherweise weder die Schweden noch die Norweger zum Scherzen aufgelegt sind, seit ihr skandinavischer Nachbar Finnland bei PISA, dem internationalen Schulleistungsvergleich der OECD, dreimal hintereinander den Spitzenplatz erreicht hat. Bei der Erwähnung von PISA hörte sich für die Tischrunde der Spaß auf. Alle Anwesenden wurden schlagartig Bildungsexperten, die sich in ein Pro-PISA-Lager (der Output schulischen Lernens gehört objektiv gemessen) und ein Contra-PISA-Lager (Bildung ist wie Blut „ein

ganz besonderer Saft" und entzieht sich jeglicher Quanti-
fizierung) gruppierten; man geriet sich ordentlich in die
Haare, einigte sich aber schließlich ermüdet darauf, dass
das österreichische Schulsystem sicher, wahrscheinlich,
vielleicht oder hoffentlich besser ist als die PISA-Resul-
tate signalisieren. Im Eifer des verbalen Gefechts war die
Frage nach der Weltklasse-Schulkarriere des kleinen Luis
untergegangen.

Der Diskurs über die Qualität von einzelnen Schulen
und ganzen Schulsystemen hat sich in den vergangenen 20
Jahren gewaltig und nachhaltig geändert. Die „implizite"
Definition einer guten Schule war lange Zeit eine Schule
mit einem „guten Ruf", die von Kindern aus „gutem
Hause" besucht wurde. Im Grundschulbereich war das
in Österreich in der Regel eine Schule an einem Standort
mit einem von der Mitttel- und Oberschicht bewohnten
Einzugsgebiet (nicht selten eine katholische Privatschule),
im Sekundarschulbereich so gut wie immer ein Gymnasium bzw. eine AHS. Die Schulforschung und das erhöhte
Qualitätsbewußtsein der Elternschaft haben diese Selbstverständlichkeit weitgehend außer Kraft gesetzt. Als „gut"
gilt eine Schule heutzutage, wenn ein engagiertes Lehrer-
team unter einer Leitung, die „leadership" ausstrahlt, für
ein freundliches Schulklima sorgt, wenn den Kindern
glaubwürdig und konsequent vermittelt wird, dass ihre
Lernfortschritte ernst genommen werden, wenn sowohl
für individuelle Schwächen als auch für außerordentliche
Begabungen gezielt professionelle Förderung eingesetzt
wird, und wenn ein reichhaltiger, kreativer, zielstrebiger
Unterricht es den Schülerinnen und Schülern ermöglicht,

in einer von Fairness und gegenseitigem Respekt geprägten Atmosphäre ihre Ich-, Sozial- und Sachkompetenz zu entwickeln. In allen Schulsystemen gibt es solche Schulen, allerdings: in manchen Schulsystemen haben alle Schulen die Chance, gute Schulen zu sein oder zu werden, in anderen Schulsystemen wird die höhere Qualität einzelner Schulen mit der minderen Qualität der Mehrheit der Schulen erkauft.

Nach welchen Kriterien soll man die Qualität nicht einzelner Institutionen, sondern ganzer nationaler Schulsysteme beurteilen? Meine persönlichen Gütekriterien stimmen weitgehend überein mit jenen des Center for Educational Research und Innovation (CERI) der OECD in Paris, des mächtigsten erziehungswissenschaftlichen Thinktanks der Welt, das seit 40 Jahren die Bildungspolitik der OECD-Mitgliedländer und Fallstudien von „best practice" aus deren Schulsysteme dokumentiert und analysiert:

Gerechtigkeit und Fairness: Schulsysteme demokratischer Gesellschaften haben sicherzustellen, dass alle Kinder nicht bloß formal, sondern de facto Chancengleichheit haben. Die Struktur des Schulsystems darf insbesondere Kinder aus bildungsfernen Familien nicht durch frühzeitige Selektion, die stets zu sozialer Segregation führt, um ihre „opportunity to learn" prellen. Die einzige diesem Kriterium entsprechende schulische Organisationsform ist eine, in sich differenzierte Gesamtschule bis zum Ende der Schulpflicht.

Governance: Wer, was, auf welcher Ebene des Schulsystems mit welcher Kompetenz zu entscheiden hat, darf nicht auf der Fortschreibung von obsoleten Formen der

Machtverteilung beruhen, sondern erfordert eine wohl-überlegte Balance von Bildungspolitik auf Länderebene und professioneller Autonomie auf kommunaler und einzelschulischer Ebene.

Selbstbestimmung und soziale Kohäsion: Das Schulsystem hat allen Kindern und Eltern glaubwürdig die Einsicht zu vermitteln, dass Bildung ein kostbares Gut ist und dass die Teilhabe daran, persönliche, berufliche und staatsbürger-liche Chancen eröffnet, und bei frühzeitigem Ausstieg die Gefahr der sozialen (Selbst)Ausgrenzung droht.

Inklusion und Begabungsförderung: Das Regelschulwesen hat sich für die gesamte Bandbreite des Begabungsspekt-rums verantwortlich zu fühlen. Sonderschulen sollen nur von Kindern besucht werden, die eine besonders gestaltete schulische Umwelt benötigen; ebenso haben alle Regel-schulen durch „enrichment" für besonders Begabte und Motivierte dafür zu sorgen, dass es keine „Sonderschulen für Schwerstbegabte" braucht.

Effizienz und Effektivität: Bildung ist nicht nur kost-bar, sondern auch kostspielig und, weil mit knappen öffentlichen Mitteln finanziert, nicht höher zu stellen als die betriebswirtschaftliche Kosten-Nutzen-Rechnung des Einsatzes und der Wirksamkeit von Unterrichtsfor-men und Lehrpersonal. Das Setzen von „performance standards" sowie die Vergewisserung, ob Schulsysteme diese Ziele tatsächlich erreichen, erfordern Sensibilität und Sorgfalt hinsichtlich etwaiger Nebenwirkungen und sind unabdingbar.

Als vergleichender Erziehungswissenschafter erforsche ich seit Jahrzehnten, wie Schulen und Schulsysteme in anderen Ländern und Kulturen funktionieren, und zwar nicht bloß als akademischer Schreibtischtäter, der Dokumente, Studien und Statistiken („Schule aus zweiter Hand") analysiert und interpretiert, sondern als Feldforscher, authentisch und „vor Ort". Ich habe als „fly-on-the-wall"-Beobachter Tage und manchmal Wochen – insgesamt fünf Jahre – in höchst unterschiedlichen Schulen verbracht: in idyllischen Grundschulen in den englischen Cotswolds; in universitären Übungsschulen in Kyoto; in riesigen Highschools im amerikanischen Mittelwesten; in altehrwürdigen Pariser Écoles maternelles; in ganz normalen schwedischen Gesamtschulen. Ich habe englische Schulinspektoren auf ihren Inspektionstouren „beschattet", ich habe mit schwedischen Schulleiterinnen und Schulleitern über ihre Ausbildung diskutiert und ich habe an heißen August-Sonntagen an japanischer Lehrerfortbildung teilgenommen (zugegeben, ich konnte mit meinen 250 Wörtern „Überlebens-Japanisch" bloß „ethnographische" Beobachtungen anstellen). Das durchgehende Leitmotiv meiner professionellen Erkundungen und des darauf beruhenden Vergleichs von Schulsystemen war die Frage: Wo gelingt schulisches Lernen erfolgreicher, befriedigender, besser und – ja, warum nicht – glücklicher?

Ich sehe mich ausserstande, einem bestimmten Schulsystem das Prädikat „bestes der Welt" zu verleihen, aber mehrere Schulsysteme verfügen über Praktiken und Einrichtungen, die es verdienen, unter dem Aspekt studiert zu werden, was man davon für das Schulsystem des eigenen Landes lernen kann. Voilà, hier ist das Patchwork von „best practice", das ich für meinen Enkel Luis gebastelt habe.

Das „Best of" des internationalen Schulvergleichs könnte so aussehen:

VORSCHULE: Im Alter von drei Jahren geht es mit dem kleinen Luis ab in eine französische École maternelle. In Anerkennung der fundamentalen Wichtigkeit des Lernens in der frühen Kindheit übernimmt der französische Staat die Verantwortung und die Finanzierung der Vorschulerziehung. Jedes französische Kind hat ab dem dritten Lebensjahr einen Rechtsanspruch auf Vollzeit-Vorschule; seit Jahrzehnten besuchen so gut wie 100 Prozent aller Kinder die École maternelle, auch Kinder nicht berufstätiger Mütter. Das Vorschulwesen untersteht dem Bildungsministerium; es gibt seit über 100 Jahren einen nationalen Vorschullehrplan und der Großteil der französischen Vorschullehrerinnen hat eine dreijährige universitäre, durch 18 Monate vorschulpädagogisches Fachstudium ergänzte Ausbildung. An der École maternelle wird kindliches Lernen ernst genommen, vielleicht ein bisschen zu ernst, wie das große internationale OECD-Vorschulprojekt „Starting Strong" vermerkt; es würde der École maternelle (wörtlich übersetzt die „mütterliche Schule") guttun, das „Mütterliche" etwas stärker und das „Schulische" etwas weniger zu betonen.

EINGANGSSTUFE: Für den Übertritt in das Schulwesen könnte Luis nichts Besseres passieren als in eine englische Infant School für Fünf- bis Siebenjährige aufgenommen zu werden. Infant schools sind kindzentriert, informell, offen – mit einem Wort „entschult". Nicht die Kinder müssen sich einem synchronisierten, lehrergesteuerten Unterricht anpassen, sondern das Lerngeschehen wird von der Vielfalt der kindlichen Bedürfnisse bestimmt. Das wird durch eine einfallsreiche Schularchitektur erleichtert; die Grundeinheiten sind nicht geschlossene, viereckige Klassen, sondern offene, flexible Lernlandschaften mit Zonen für das Arbeiten in kleinen Gruppen und für individuelles Lernen. „Learning by doing, learning by expression and learning by interaction": Englische Grundschullehrerinnen und Grundschullehrer verstehen sich nicht als Wissensvermittler, sondern als „facilitators", als „Lernregisseure", die lernträchtige Situationen inszenieren, den individuellen Lernfortschritt der Kinder moderieren und dort kompensierend eingreifen, wo die kindliche Selbststeuerung nicht ausreicht oder außerschulisch bedingte Lerndefizite bestehen.

GRUNDSCHULE: Disziplin und Ernsthaftigkeit des Lernens sollte Luis einige Jahre an einer japanischen Grundschule erfahren. Während japanische Schulen auf den höheren Schulstufen wegen der Highschool- und Universitäts-Aufnahmsprüfungen von einer unerbittlichen Leistungsobsession gekennzeichnet sind, sind die Grundschulen pädagogisch ansprechende Einrichtungen. Japanische Lehrer betrachten sich persönlich verantwortlich dafür und unternehmen außerordentliche Anstrengungen, dass alle Kinder (und das sind oft sehr viele pro Klasse) die Lernziele erreichen. Insbesondere in Mathematik stimulieren sie die Kinder zu mathematischem Denken und vielfältigen kreativen Lösungen. Sozialerziehung wird ernst genommen und effektiv umgesetzt. So ist etwa jede Klasse in mehrere „han" gegliedert; das sind Gruppen von fünf oder sechs Kindern, die hinsichtlich Disziplin und Lernfortschritt füreinander verantwortlich sind, einander beim Lernen helfen und gemeinsam Klassenordner- und andere Aufgaben erledigen. Nicht die Schulwarte reinigen japanische Schulen, sondern die Schüler – als Teil der „moralischen Erziehung". Alle japanischen Kinder erlernen ein Musikinstrument, mehr als die Hälfte von ihnen auch noch ein zweites. Was die Gender-Erziehung betrifft gibt es in japanische Schulen allerdings eine irritierende Praxis der farblichen Codierung: die Turnbeutel, Rucksäckchen, Handarbeitskoffer, Springschnüre und schulischen Zahnbürsten von Buben sind durchwegs blau, die von Mädchen rot oder rosa …

MITTELSTUFE: Bis vor wenigen Jahren hätte es für Luis auf der „Sekundarstufe I" ohne Wenn und Aber nur die „Mutter aller Gesamtschulen", die schwedische Grundskola, gegeben.

Schweden war das erste europäische Land, das 1962 sein Schulsystem nach jahrzehntelanger Grundlagenforschung zur Begabungsentwicklung und zur Ungleichheit der Bildungschancen sowie nach gründlichen Schulversuchen in ein Gesamtschulsystem umgewandelt hat. Bis zum Ende der neunjährigen Schulpflicht wird nicht mehr selektiert, sondern durch die Wahl unterschiedlich anspruchsvoller Kurse und Fächer differenziert und individualisiert. Die Gesamtschulreform hat die Benachteiligung bzw. Unterrepräsentierung der Landkinder (und Schweden hat sehr viel „Land") weitestgehend beseitigt. Die Schulverwaltung, wurde entbürokratisiert, dezentralisiert und auf die Ebene der Kommunen und der einzelnen Schulen verlagert. Schwedische Lehrer sind keine „weisungsgebundenen" Beamten mehr, sondern verstehen sich als Fachleute für die Umsetzung eines ganz schlanken Rahmenlehrplans in schülerorientierten Unterricht. Interessantes Detail am Rande: Im schwedischen Lehrplan wird Englisch nicht mehr unter den Fremdsprachen, sondern unter den Kernfächern angeführt.

Die konservativen Regierungen der letzten Jahre haben allerdings eine Entwicklung zugelassen bzw. gefördert, die tendenziell zu einer Erosion der Gesamtschule führt: die Errichtung öffentlich finanzierter sogenannter „Freier Schulen". Wie erste Evaluierungen diese Schulneugründungen zeigen, werden sie bevorzugt von ambitionierten, „bildungsnahen" Eltern angestrebt und begünstigen eben jene soziale Segregation, die man mit der Ersetzung des alten gymnasialen Schulsystems durch die Gesamtschule beseitigen wollte.

Finnland hat sein Schulsystem nicht nur nach schwedischem Vorbild reformiert, sondern darüber hinaus eine hervorragende Lehrerbildung etabliert. Der Lehrberuf ist in Finnland so attraktiv, dass man es sich leisten kann, nur das tüchtigste und ambitionierteste Zehntel der Bewerber zur Lehrerbildung zuzulassen. Ein Gesamtschulsystem mit guten Lehrern an wohlausgestatteten Schulen sind offensichtlich günstige Voraussetzungen für hohen Schulerfolg à la PISA. Ab mit Luis nach Finnland?

OBERSTUFE: Wie im Falle der schwedischen Mittelstufe gab es bis vor kurzem für jemanden, der im Bereich der Oberstufe Wert legt auf eine wohlausgewogene Lehrplan-Balance zwischen allgemeinbildender Pflicht und individuell gewählter Profilierung, eine höchst attraktive Option: die reformierte deutsche Oberstufe. Ihre ebenso einfache wie pädagogisch geniale Innovation war die Möglichkeit für die Schüler, selber zu entscheiden, welche Fächer sie als weniger anspruchsvollen Grundkurs („Mathe für jedermann") im Ausmaß von 2/3 Wochenstunden und welche sie als studienorientierten Leistungskurs mit 5/6 Wochenstunden absolvieren wollten. Die mit der Kurswahl verbundene Selbstvergewisserung, in welchen Bereichen oder Fächern man Begabungen und Interessen hat, und die Entscheidung für einen studien- bzw. berufswahl-relevanten Schwerpunkt erwies sich für die persönliche Reifung wertvoll und setzte Motivation frei, die in den Leistungskursen zu einem ernsthaften und zielstrebigen Arbeiten führte. Gleichsam als „Nebeneffekt" konnte man damit an allen Schulen Hochbegabtenförderung betreiben. Eine 2006 begonnenen Gegenreform – das Grund- und Leistungskurssystem wurde durch ein höheres Maß an verpflichtenden Kernfächern ersetzt – beendete diese Form der Differenzierung und Individualisierung; begründet wurde dies einerseits mit Klagen von Hochschullehrern über unzureichende Allgemeinbildung der Studienanfänger, andererseits mit den hohen Kosten der Leistungskurse, in denen infolge des Geburtenrückgangs oft nur wenige Schüler saßen. Nach einer ersten Evaluierung kommt die Gegenreform bei Schülern wie Lehrern jedoch sehr schlecht an und scheint auch nicht die angestrebte Leistungssteigerung in den Kernfächern zu erbringen.

Es gäbe für Luis allerdings eine Alternative, die ebenfalls auf dem pädagogisch so wertvollen Zwei-Niveau-System beruht: das Internationale Bakkalaureat (IB). Diese internationale Quasi-Matura bzw. Studienberechtigung, die weltweit an über 1400 Schulen angeboten wird, ist so etwas wie ein internationaler „Verschnitt" von Oberstufenlehrplänen. Die Schüler müssen aus sechs Fächergruppen (Muttersprache, Zweitsprache, Mathe, Science, „Man and Society" plus ein Wahlfach) jeweils drei3 Fächer als Grundkurs und drei als Leistungskurs wählen. Darüber hinaus müssen sie einen Kurs in „Theory of Knowledge" absolvieren, eine längere (Fachbereichs)Arbeit schreiben und sich in einem künstlerischen oder sozialen Projekt engagieren. Das IB erlaubt sehr viel mehr curriculare Selbstbestimmung als die Lehrpläne österreichischer AHS-Typen.

Selbstverständlich ist dieses „Best of" des internationalen Schulvergleich nicht (ganz) ernst gemeint. Mit größter Wahrscheinlichkeit wird Luis diese Odyssee durch die Schulsysteme der Welt erspart bleiben, und er wird in Wien Schulen besuchen, von denen seine Eltern hoffen, dass sie gut genug für ihren Sprössling sind.

Mit dem „best in the world" ist das ohnedies so eine Sache. In einem Englisch-Schulbuch, das in meiner Hauptschule im Salzkammergut in den 1950er Jahren verwendet wurde, gab es folgende Zeichnung: Sie zeigte eine typische englische Vorortstraße mit gleichförmigen, „terraced" Reihenhäusern. Über drei benachbarten Haustüren waren Schilder angebracht. Auf dem ersten war zu lesen „Best taylor in the world", auf dem zweiten „Best taylor in this town", auf dem dritten „Best taylor in this street".

Postscriptum 10 Jahre später: Luis hat in Wien die „nächstbeste", d.h. seiner elterlichen Wohnung nächstgelegene öffentliche Volksschule besucht und ist nun Schüler des „nächstbesten", d.h. seiner elterlichen Wohnung nächstgelegenen öffentlichen Gymnasiums. Er durfte sich die Schulen selber aussuchen. Seine Auswahlkriterien waren die Freundlichkeit der Direktorinnen bei den Erkundungsgesprächen, die Kürze des Schulweges, die es ihm erlaubt, in der Früh möglichst lange zu schlafen, und der Umstand, dass seine besten Volksschulfreundinnen und -freunde auch diese AHS besuchen.

STATT EINER ABSCHIEDSVORLESUNG

Die Universität Wien feierte im Sommersemester 2015 nicht nur ihr 650-Jahr Jubiläum, sie feierte auch ihre Goldene Hochzeit. Mit mir. Genau 50 Jahre vorher begann meine akademische Karriere an der Alma Mater Rudolfina.

Meine Rekrutierung ist ein schönes Beispiel dafür, wie die alte „Ordinarienuniversität" funktionierte. Ich hatte am Ende meines ersten Studiensemesters, des Wintersemesters 1964/65, eine Proseminararbeit abgegeben (handgeschrieben, wie die der meisten anderen Studenten) und war zur abschließenden mündlichen Prüfung angetreten. Als ich dem Herrn Professor das Zeugnisformular überreichte (selbst ganz gewöhnliche Zeugnisse waren damals imposante hellgrüne Urkunden mit ganzseitigem Republikadler und einer Zeile, in die nobel „geboren zu …" einzutragen war), sah er, dass ich aus dem Salzkammergut stammte. Das schien bei ihm positive Assoziationen (Schloss Orth? Bad Ischl? Hallstatt?) auszulösen. Er fragte mich, was ich bisher gemacht hatte, und ich erwähnte, dass ich Lehrer an einigen Zwergschulen im oberösterreichischen Sauwald gewesen war und als Fulbright-Stipendiat ein Jahr im amerikanischen Mittelwesten studiert hatte. Und dann kam aus heiterem Himmel die Frage: „Hätten Sie Interesse an einer Anstellung als wissenschaftliche Hilfskraft?" Ja, hatte ich, nicht nur, weil ich wie Wilhelm von Humboldt in „Einsamkeit und Freiheit" an der Veredelung des Menschengeschlechts mitwirken wollte, sondern weil mir bewusst war, dass ich mit dem, was ich mir als Lehrer im Sauwald erspart hatte, nicht sehr lange auskommen würde. Am nächsten Tag meldete ich mich im Dekanat der „alten" Philosophischen Fakultät. Der Dekanatsdirektor, der jeden Professor (Professorinnen gab es nur ganz wenige), jeden Assistenten und jede Hilfskraft der damals noch das gesamte Spektrum der Wissenschaften von Archäologie bis Zoologie umfassenden Fakultät persönlich kannte, adoptierte mich freundlich als den neuen „Lehrbuben" des Pädagogischen Instituts. Der gerade vorbeikommende Dekan nahm eine Angelobung vor, die in ihrer Informalität und Kürze einer Nottaufe bedenklich nahekam. In weniger als 24 Stunden war der Statuswandel vom erstsemestrigen Studenten zum *staff member* der (damals gerade ihr 600-Jahr-Jubiläum feiernden) Universität Wien vollzogen.

Ironie des Schicksal: Eigentlich war ich nicht nach Wien gekommen um Pädagogik zu studieren, sondern Englisch. Als ich jedoch am Tag der Inskription zum Institut für Anglistik im 4. Stock des Neuen Institutsgebäudes (NIG) emporstieg, kam ich im 2. Stock am Institut für Pädagogik vorbei. Während ich die Aushänge am Institutsgang las – Pädagogik war für mich als Ex-Lehrer schließlich nicht irgendein Fach – ging eine Tür auf. Die Institutssekretärin, die gerade mit einigen Studentinnen Tee trank, fragte mich, ob ich nicht auch eine Tasse mittrinken wollte. Ja, wollte ich, und so kam ich – wie Dante am Beginn der *Göttlichen Komödie* – vom „rechten Weg" ab, der zur Anglistik geführt hätte, und wurde Erziehungswissenschaftler.

Nach der Promotion folgte ein Jahrzehnt als Assistent, eine Species, von der Alois Brandstetter einmal lieblos meinte, man würde sie daran erkennen, dass sie mit Lederherzen auf den Ellenbögen ihrer in die Jahre gekommenen Sakkos dem Herrn Professor die Aktentasche zur Vorlesung trügen. Das blieb mir zwar erspart, aber ich musste für meinen Chef, der im „Who is Who" unter Hobby „Die k.u.k. Marine" angegeben hatte, aus der Universitätsbibliothek jede Menge militärhistorischer Literatur und übergroße, verstaubte, seit Jahrzehnten nicht entlehnte Atlanten von Seeschlachten heranschaffen. Mit der Habilitation kamen die höheren akademischen Weihen des Dozenten, und nach einem Zwischenspiel als außerordentlicher Professor wurde ich schließlich „Lehrstuhlinhaber" und Ordinarius. Ich befürchte, ich habe diese Rolle als alter „Achtundsechziger" und habitueller Pulloverträger nie mit der „standesgemäßen" Gravitas ausgeübt. Wahrscheinlich habe ich zu viele englische „campus novels" gelesen, in denen das Universitätsleben und die professorale Existenz mit Witz und Selbstironie auf die Schaufel genommen werden. Für die Erhaltung meines sonnigen Gemüts war es von existenzieller Bedeutung, dass mir die Universität Oxford, meine zweite akademische Heimat, immer wieder – insgesamt sechs Jahre – die Gelegenheit bot, meine intellektuellen Batterien aufzuladen.

Im Brief, mit dem ich meine Berufung annahm, erklärte ich dem damaligen Wissenschaftsminister (und späteren Bundespräsidenten) Heinz Fischer, dass ich mir wie zwei meiner Vorgänger „einen starken Abgang" vorbehielt: der eine, Vincenz Eduard Milde, avancierte zum Erzbischof von Wien (dafür bin ich aber vermutlich nicht fromm genug), der andere, Friedrich Wilhelm Förster, hatte sich schon früh durch eine Majestätsbeleidigung des deutschen Kaisers ausgezeichnet und musste schließlich als Pazifist in die Schweiz flüchten. Ein weiterer Vorfahre am Pädagogischen Institut war Richard Meister, ursprünglich Altphilologe, sodann als Pädagogikprofessor ein engstirniger Gegner der Wiener Gesamtschulreform der 1920er Jahre, über dessen unrühmliche Rolle als antisemitischer, universitärer Strippenzieher man vor etlichen Jahren in der Ausstellung „Bedrohte Intelligenz" im Uni-Hauptgebäude aufgeklärt wurde.

Mitte der 1960er Jahre, also bevor jener globale universitäre Expansions- und Transformationsprozess begann, den der amerikanische Hochschulforscher Martin Trow mit der Formulierung „From Elite to Mass to Universal Higher Education" zusammengefasst hat, war die Universität Wien mit etwa 18.000 Studierenden zwar auch nicht gerade klein, aber – im Vergleich zum jetzigen Riesenbetrieb mit 92.000 Studierenden – dennoch über- und durchschaubar. „Bologna" war eine für ihre gute Küche und ihre linke Politik bekannte Stadt in Italien und noch nicht das Kürzel für jenen „Prozess", der im vergangenen Jahrzehnt die meisten Studiengänge in bürokratische Prokrustesbetten gezwungen hat. Studierende hatten ein hohes Maß an Selbstbestimmung, inklusive der Möglichkeit (wenn man sie sich leisten konnte), etliche Semester mit lustvollen, transdisziplinären Erkundungen zu „verplempern", die Ordinarien hatten jede Menge Gelegenheiten, ihre professoralen Idiosynkrasien auszuleben (siehe meine Blitz-Rekrutierung).

Der von Trow aufgezeigte universitäre Kulturwandel hat inzwischen alle Aspekte des Wissenschaftsbetriebs nachhaltig verändert. Viele der alten amateurhaft-kollegialen Praktiken unterliegen nunmehr den Management – Imperativen von „accountability, performativity und efficiency". Mir blieb das Schicksal heutiger junger Sozialwissenschaftler, die einen erheblichen Teil ihrer Arbeitskraft und Zeit in die Einwerbung und Abrechnung von außeruniversitären Forschungsmitteln investieren müssen, erspart; als ich mich habilitierte war der Begriff „Drittmittel" noch gar nicht erfunden.

Als vergleichender Erziehungswissenschafter erforsche ich nunmehr seit mehr als vierzig Jahren das Phänomen Bildung und die Institution Schule in unterschiedlichen nationalen, kulturellen und politischen Kontexten. Ich wollte allerdings nie ein „akademischer Schreibtischtäter" sein, der sein Untersuchungsfeld bequem vom „elfenbeinernen Turm" aus auf der Basis von Literatur und Dokumenten studiert; ich betreibe Feldforschung vor Ort, vorwiegend in den Schrittmacher-Ländern der internationalen Schulentwicklung und den „big players" der OECD – Schweden, USA, England, Frankreich und Japan. Als ethnographischer „fly-on-the-wall" Beobachter habe ich erkundet,

– was die Stockholmer Schulverwaltung tut, um der sozialen Segregation zwischen bestimmten Gesamtschulen entgegenzuwirken;

– welche Stimmung in den Lehrerzimmern englischer Schulen an späten Freitagnachmittagen herrscht;

– wie französische Vorschulkinder reagieren, wenn sie

von der Schulglocke ihrer école maternelle vom Spiel im Hof in die Klasse zurückgerufen werden, oder

- wie es japanischen Oberstufenschülern geht, die am schulfreien Samstag sehr früh eineinhalb Stunden mit dem Bus zu einer „guten" Nachhilfeschule in der Nachbarstadt fahren. (Ich bin öfter mitgefahren: Es geht ihnen besser als man aus europäischer Sicht vermuten würde).

Für meinen Forschungsschwerpunkt war es unerlässlich ins Ausland zu gehen. Es ist jedoch generell außerordentlich inspirierend und stimulierend, persönlich zu erfahren, mit welchem Selbstverständnis, mit welchen Methoden und unter welchen institutionellen Rahmenbedingungen anderswo Wissenschaft und Lehre betrieben werden. Für Sozial- und Geisteswissenschafterinnen und Geisteswissenschafter bietet insbesondere die Konfrontation mit der anglo-amerikanischen Universitätskultur die Gelegenheit, sich (grausam, aber wahr) der im deutschsprachigen Wissenschaftsbetrieb üblichen Humorlosigkeit zu entziehen. Bei einer Konferenz in Oxford, die die unterschiedlichen sozialwissenschaftlichen Herangehensweisen des deutschsprachigen und des anglo-amerikanischen Raumes zum Thema hatte, wiederholte sich x-mal das gleiche Muster. Die deutschsprachigen Redner legten höchsten Wert auf seriöse Gelehrsamkeit (nicht selten mit Rückgriffen auf die antike Philosophie, und auch nicht selten mit trister Monotonie), während die meisten der englischen und amerikanischen Referenten ihren Vortrag mit einem Witz begannen, der in brillanter Weise die zentrale Aussage ihres Referats andeutete. In einer Pause nahm mich ein sehr angesehener deutscher

Kollege zur Seite und fragte mich besorgt „Finden Sie nicht auch, dass diese Veranstaltung irgendwie unseriös ist?" Ich befürchte meine Antwort „Ja, Gott sei Dank" hat ihn etwas befremdet.

Die „klassische" Form der akademischen Wissensvermittlung, die Vorlesung, ist auch nicht mehr, was sie einmal war (oder hätte sein sollen). Als ich in den 1960er Jahren studierte, verließ man sich nicht auf die Attraktivität der (nicht immer faszinierenden) professoralen *live performance*. Um die Studierenden zum Besuch der Vorlesungen zu bewegen, gab es die Praxis der „Testur". Zu Semesterbeginn musste man sich vom Professor die „Antestur", eine Unterschrift im Studienbuch holen („moderne" Professoren verwendeten Namensstempel), und zu einem nicht genau vorhersehbaren Vorlesungstermin gegen Semesterende die „Abtestur"; nur mit beiden Eintragungen war die Inskription gültig. Das füllte die Hörsäle mit „sekundär-motivierten" Studenten. Es gibt die (angeblich wahre) Geschichte vom Studenten, der im Institutsgebäude in der Liebiggasse zu einem alten Mann sagte „Geh Alter, da hast fünf Schilling, kannst mir die Testur vom Meister besorgen?" (Ja, der Obige.) Der Alte nahm das Geld, unterschrieb das Studienbuch und sagte giftig: „Der Professor Meister bin ich, aber die fünf Schilling kriegen Sie nicht mehr!"

Manchmal waren die Studierenden zwar wissensdurstig, fanden aber den Hörsaal nicht. So tauchten einmal zwei Studentinnen in meiner Sprechstunde auf und beklagten sich, dass es den Hörsaal, in dem meine Vorlesung „angeblich" stattfand, nicht gab. Als ich ihnen erklärte, dass der betreffende Hörsaal 50 im Uni Hauptgebäude oberhalb des Theologischen Dekanats sehr wohl existierte, protestierten sie. Sie wären dort gewesen, aber dort oben gäbe es nur den Hörsaal „L". Die beiden hatten in ihrer Schulzeit nicht Latein gelernt, sich nie mit „duodeviginti", „XXIX" und „quinquaginta" herumplagen müssen und waren mit der alten römischen Nummerierung der Hörsäle überfordert.

Im Rahmen einer Generalsanierung des Uni-Hauptgebäudes am Ring wurde nicht nur die Hörsaalnummerierung modernisiert, die Universitätsverwaltung unternimmt neuerdings beachtliche Anstrengungen, die Studierenden von den Hörsälen – ja, fernzuhalten. Um die lästige Logistik von Großvorlesungen in den Griff zu bekommen, legt man den Hochschullehrern nahe, ihre Vorlesungen per Videostream aufzuzeichnen und ins Internet zu stellen. Dieses Arrangement mag berufstätigen Studierenden entgegenkommen, weil man, wann und wo auch immer und beliebig oft, die Aufzeichnung abrufen kann. Ich halte diese Vorlesungskonserven dennoch für unbefriedigend. Es ist vielleicht ein bisschen gewagt, die persönliche Vorlesungsteilhabe mit *„real sex"* und die gestreamte Aufzeichnung mit einem Porno-Video zu vergleichen, aber abgesehen davon, dass die Qualität der Aufzeichnungen oft zu wünschen übrig lässt, werden die Studierenden um die sinnliche Erfahrung eines lebendigen kollektiven Denkprozesses gebracht. Die Lehrenden wiederum verlieren das unmittelbare Feedback durch die – Verständnis oder Unbehagen ausdrückende – Körpersprache des Auditoriums. Außerdem kann man im Hörsaal zufällig oder absichtlich neben der netten

Kärntnerin oder dem clever wirkenden Oberösterreicher zu sitzen kommen …

Als Pädagogikprofessor, der Großvorlesungen für die Hundertschaften von Lehramtsstudierenden zu halten hatte, kam ich um das Auditorium Maximum, den größten Hörsaal der Uni, nicht herum. Da das Audi Max üblicherweise voll besetzt war, stellte ich einmal erstaunt fest, dass – wie ein magischen Kornkreis – in einem runden Areal die Sitze frei gelassen wurden. Etwas später erblickte ich plötzlich mitten drin ein Bein auf der Bank, und schließlich richtete sich der Sandler auf, der (was im Winter nicht selten vorkam) dort geschlafen hatte und wegen seines etwas strengen Geruchs einen studentischen *„cordon sanitaire"* bewirkt hatte. Nach einigen Minuten hob er seine Hand. Studentenfreundlich wie immer fragte ich „Ja bitte?" Darauf sagte er zum Gaudium der Studierenden „Ist ja sehr interessant, aber bitte nicht so viele Fremdwörter!" *He may have had a point.*

Mein Lieblingshörsaal war allerdings das Anatomische Theater am AKH-Campus: halbrund, mit weißen, steil aufsteigenden, für die Studenten leider ziemlich unbequemen und damit das Einschlafen behindernden Bankreihen. Zwar ist nach Shakespeare ohnedies die ganze Welt Bühne, aber dieser Hörsaal, der dem großen Pathologen Carl von Rokitansky gewidmet ist, eignete sich vortrefflich für die Umsetzung meiner Vorstellung von der Vorlesung als dramaturgisch inszeniertem, solidarischem Lernprozess. Manchen Studierenden ist dieser Hörsaal allerdings vielleicht bloß deswegen in Erinnerung, weil einmal mitten in meinem Vortrag eine große Ratte seelenruhig, das heißt bis die Studentinnen zu kreischen begannen, hinter mir, zwischen Pult und Tafel, den Raum durchquerte. Als ich den Vorfall meldete, meinte der Pedell eher anerkennend als entsetzt: „Was, der Ratz lebt noch immer?" Im „goldenen" Jubiläumssemester hielt ich meine Vorlesung im berühmt-berüchtigten Hörsaal 1 des NIG, der als Ort der aktionistischen „Uni-Ferkelei" des Jahres 1968 in die österreichische Kulturgeschichte eingegangen ist – ohne Nagetier, und sowohl ich als auch die Studierenden vollständig bekleidet.

Hat man sich seinerzeit als Lehrender auf das (für Selbsttäuschung anfällige) „Gefühl" verlassen müssen, dass die Vorlesung gut gelaufen ist, erhält man nunmehr ein nüchternes, unverbrämtes Feedback über die studentische Zufriedenheit. Die Studierenden beurteilen am Semesterende die Lehrveranstaltungen via Internet elektronisch und anonym nach einer fünfstufigen Notenskala. Mindestens so interessant wie das Gesamtkalkül „Insgesamt halte ich diese Lehrveranstaltung für „sehr gut"... bis ... „sehr schlecht" sind die Eintragungen in der Rubrik „Persönliche Bemerkungen an den Lehrenden", in denen die Studierenden im Schutze der Anonymität ihrem Frust oder ihrer Begeisterung freien Lauf lassen können. Einmal war dort die Eintragung „Nur so weiter, Herr Professor ..." zu lesen. Ich bin mir noch immer nicht ganz sicher, wie das zu verstehen war.

SECHSMAL OXFORD

Sind Sie schon einmal für den lieben Gott gehalten worden? Ich schon. Haben Sie schon einmal der Thames Valley Police bei der Spurensicherung zugeschaut? Ich schon. (Leider war der Einbruch bei mir). Haben Sie schon einmal mit jemandem, der von der Sonne abstammt, Kaffee getrunken? Ich schon. Einem vergleichenden Bildungsforscher kann in England so manches passieren.

Im Studienjahr 1971/72 war ich einer von fünf jungen Bildungsforschern, die vom damals an internationaler Schulentwicklung interessierten Unterrichtsministerium nach Frankreich, Italien, England, in die USA und in die Sowjetunion geschickt wurden, um die Schulreformen dieser Länder zu erkunden. Ursprünglich war ich gar nicht erfreut, als das British Council für mich in London keine erschwingliche Wohnung finden konnte und Oxford vorschlug; ich war der Meinung, London wäre der günstigste Ausgangspunkt für meine schulische Feldforschung. „Werch ein Illtum", muss ich mit dem studierten Anglisten Ernst Jandl sagen. Oxford ist eine der schönsten Universitätsstädte der Welt, mit einem grandiosen Ensemble von gotischen, Renaissance-, barocken und modernen Bauten, makellos gepflegten College-Gärten und eleganten Parkanlagen. Das Education Department der Universität bot mir einen erstklassigen Arbeitsplatz, und ich hatte die Zugangsberechtigung zur *Bodleian Library*, einer der besten Bibliotheken der Welt und sicher die schönste. Die Reputation und die hervorragende Vernetzung des Oxforder Departments eröffneten mir den völlig unkomplizierten

Zugang zu Schulen in ganz England. Außerdem erwies sich die Grafschaft Oxfordshire als einer der innovativsten Schuldistrikte Englands, so dass ich das Innenleben mancher Schulen nicht bloß für einen Tag, sondern oft über Wochen „ethnographisch/teilnehmend" beobachten konnte. So war es mir möglich, authentisch zu erkunden, in welcher Verfassung die Schüler an Montagen morgens zur Schule kommen, und welche Stimmung an Freitagen um 16 Uhr in Lehrerzimmern herrscht.

In den 1970er Jahren galt England europaweit als „Treibhaus" der Schulerneuerung. Die Rahmenbedingungen für Schulreformen waren außerordentlich günstig: Der Grad der Verrechtlichung und Bürokratisierung des Schulwesens war sehr gering. „Schulversuche" bedurften keiner behördlichen Bewilligung, ja es gab nicht einmal den Begriff: jede Schule hatte das Recht und die professionelle Verantwortung, sich weiterzuentwickeln. In den Grundschulen verbreitete sich, begünstigt durch eine kreative, flexible Schularchitektur, eine „offene", informelle, kindzentrierte Pädagogik, und in einer wachsenden Zahl von Schuldistrikten wurden die Sekundarschulen in unterschiedliche Modelle von nichtselektiven „comprehensive schools" (Gesamtschulen) umgewandelt.

Das Engagement der Lehrerschaft konnte jedoch wenig daran ändern, dass England nach wie vor eine von krassen Klassengegensätzen geprägte Gesellschaft ist: *us and them*". Die soziale Segregation beim Wohnen führt zu ganz unterschiedlich zusammengesetzten Schulpopulationen; hier „gute", von der Mittelschicht beschickte Schulen, dort von sozialen Problemen geplagte Schulen, wo trotz bewundernswerter Anstrengungen der Lehrer das Leistungsniveau der Schüler gering ist.

Die Erosion der egalitären, wohlfahrtsstaatlichen Bildungspolitik der Nachkriegsjahrzehnte und die Übernahme der US-amerikanischen schulischen Neoliberalismus in den späten 1980er Jahren bedeuteten den langsamen Tod der englischen Gesamtschulen. Das Leitmotiv der gegenwärtigen Schulpolitik ist „freie Elternwahl auf einem vielfältigen Markt von Schulen". Diese „neue Unübersichtlichkeit" begünstigt ambitionierte Eltern mit „kulturellem Kapital", die sich auskennen und imstande sind, ihre Interessen durchzusetzen. Der Mehrheit der Eltern bleibt nichts anderes übrig als ihre Kinder in die nächstgelegene Gesamtschule zu schicken, die viel zu oft eine demoralisierte „Restschule" ist. Auf der Homepage des Bildungsministeriums kommt der Begriff *„comprehensive school"* bezeichnenderweise nicht mehr vor.

And now – wie eingangs angekündigt – *something completely different.* Als ich in einem kleinen nordenglischen Ort, in dem einige Jahre zuvor die Kohlengrube als einziger großer Arbeitgeber geschlossen worden war, eine Grundschule aufsuchte, kam ich an endlosen Reihen verwahrloster Häuser vorbei. Die Grundschuldirektorin, die gerade dabei war, mit einem Waschlappen einigen Kindern die grindigen Hälse zu waschen, erklärte mir, dass seit der Grubenschließung die gesamte zivile Kultur des Ortes verfallen war: ihre Kinder kämen aus Haushalten, wo Arbeitslosigkeit, Alkoholismus, Gewalttätigkeit und Drogen den Alltag bestimmen. Als die Direktorin aus Anlass meines Besuches für das gemeinsame Schulessen einen Tisch mit einem weißen Batist-Tischtuch deckte, fragte ein Kind: „Kommt heute der liebe Gott?" Selten wurde ich so überschätzt.

Oxford. Hätte die Universität nicht schon seit Jahrhunderten das Motto „DOMINUS ILLUMINATIO MEA" (Der Herr ist meine Erleuchtung), könnte sie sich den Spruch von Oscar Wilde (Oxford Absolvent, was sonst) zu eigen machen *„I have the simplest tastes. I am always satisfied with the best"*. Das Streben nach Weltklasse beschränkt sich nicht bloß auf den Wissenschaftsbetrieb sondern umfasst auch die akademische Geselligkeit. Die „High Table"- Dinners in den eichengetäfelten Halls der alten Colleges sind faszinierende Rituale, bei denen zwischen feinen Gerichten und exzellenten Weinen der interdisziplinäre Diskurs mit Witz und Leichtigkeit stattzufinden hat. Als sich bei so einem Dinner mein Tischnachbar als *„policeman"* vorstellte, entgegnete ich, dass das wohl das typische Oxforder Understatement eines Kriminologen sei. Er verneinte und deklarierte sich als echter Polizist, der für die Rund-um-die-Uhr-Sicherheit des auf seiner anderen Seite sitzenden jungen Mannes verantwortlich war; es handelte sich um den Sohn des japanischen Kaisers, der damals an meinem Oxforder College, St. John's, studierte. Beim anschließenden Kaffee ging der Tutor des Prinzen mit dem tausendjährigen japanischen Hofzeremoniell sehr beiläufig um. Anstatt mich dem Prinzen mit *„Your Imperial Highness, may I introduce Prof. Gruber to you"* vorzustellen, sagte er ganz ungeniert *„Karl Heinz, this is my prince."* Seine Kaiserliche Hoheit amüsierte sich königlich.

Wie viele Millionen Leser bin ich ein Fan der „Inspector Morse"-Kriminalromane von Colin Dexter, die durchwegs in Oxford spielen. Was ich aus diesen Krimis über die *Thames Valley Police* wusste, hätte mir eigentlich völlig genügt, aber es kam anders. In meine Wohnung im gutbürgerlichen North Oxford war eingebrochen worden. Das College verständigte die Polizei, es kamen zwei Beamte. Während der eine nach allen Regeln der forensischen Kunst die Spurensicherung vornahm, plagte sich der zweite mit der handschriftlichen Abfassung des Protokolls und war etwas enttäuscht, dass mir bloß eine kleine japanische Kamera geklaut worden war. Ich hatte übrigens, geschult durch meine extensive Inspector Morse-Lektüre, eine andere Theorie über den Einbruch als die beiden Polizisten, aber daran waren sie leider nicht interessiert. Beim Abschied waren wir uns jedoch einig, dass in England gegenwärtig sowohl die öffentliche Sicherheit als auch das öffentliche Schulwesen viel zu wünschen übrig lassen.

Insgesamt verbrachte ich sechs Jahre in Oxford. Die Abfolge meiner Oxforder Wohnungen, die alle im noblen, privilegierten North Oxford situiert waren, bildete sehr eindrucksvoll meinen akademischen Aufstieg ab. Die erste „Wohnung" im *British Council Hostel* bestand nur aus einem Raum, mit einer Seite zum Schlafen, einer zum Kochen, einer zum Arbeiten und einer Schrankwand. Es folgten sodann eine Reihe von immer besser ausgestatteten Wohnungen in jenem Stadtteil zwischen Banbury Road und Woodstock Road, der von großzügigen, denkmalgeschützten, viktorianischen, roten Backsteinvillen, gepflegten Gärten und altem Baumbestand geprägt ist.

Der Höhepunkt meiner Herbergen war ein elegantes Haus, das mir das St. John's College als *Senior Visiting Research Fellow* zur Verfügung stellte.

Wenn ich nochmals nach Oxford zurückkehren sollte – es würde mir nichts machen, wieder in eine Einraumwohnung einzuziehen.

JAPANISCHE LEKTIONEN

Gustave Flaubert bemerkte einmal, er würde wie ein Magnet Tiere und Verrückte anziehen. Darüber kann ich, abgesehen von gelegentlichen Gelsen, nicht klagen. Mein Problem waren die vielen ausländischen Professoren, die ohne Deutschkenntnisse (und oft auch ohne passables Englisch) auf ihrer Europareise in Wien Station machten, unter dem Vorwand, etwas über das österreichische Bildungswesen erfahren zu wollen. Wann immer so jemand im Bildungsministerium oder im Rektorat der Universität Wien auftauchte, wurde er an mich verwiesen, nach der simplen Annahme: Professor Gruber beschäftigt sich als Vergleichender Erziehungswissenschafter mit fremden Schulsystemen und wird daher mit diesen Ausländern schon irgendetwas anfangen können. Viele mühsame Stunden habe ich im sprachlichen Niemandsland zwischen schlechtem Englisch, noch schlechterem Französisch und diffuser Körpersprache damit verbracht, eine rudimentäre Konversation aufrechtzuerhalten.

Aber das Schicksal kann auch fair sein. Im Jahr 1986 schickte mir das Unterrichtsministerium einen japanischen Pädagogik-Professor. Der Kollege von der Universität Chiba nahe Tokyo gehörte zu jener älteren Generation von japanischen Professoren der Geistes- und Sozialwissenschaften, die aus Respekt vor der Humboldt'schen Universitätstradition in Deutschland, in seinem Falle in Bonn und Heidelberg, studiert hatten. (Die jüngere japanische Professorenschaft ist viel stärker USA-orientiert.) Wir wurden gute Freunde und nach seiner Rückkehr nach Japan erwirkte er für mich beim japanischen Wissenschaftsfonds und seiner Universität eine Gastprofessur, der zahlreiche Forschungsaufenthalte an den Universitäten Hiroshima und Kyoto folgten.

Der Umstand, dass ich Ausländer war und bloß ein bisschen „Überlebens-Japanisch" konnte, wäre für meine Schulforschung ein unüberwindbares Handicap gewesen, wäre mir nicht ein für viele Bereiche der japanischen Gesellschaft geltendes Prinzip zugutegekommen: die Loyalität der Gruppe. Mein Gastgeber verfügte als Mitglied eines Absolventenjahrgangs seiner Universität über ein Netzwerk von Kollegen, die sich lebenslang zur gegenseitigen Unterstützung verpflichtet fühlten. Einige von ihnen waren Pädagogikprofessoren an Universitäten in verschiedenen Landesteilen Japans geworden; dieses Netzwerk aktivierte mein Kollege, um mir Schulbesuche in ihren Präfekturen zu organisieren. Ohne eine solche, vertrauensstiftende „Bürgschaft" bleibt Ausländern das „wahre" Innenleben japanischer Schulen verschlossen.

Japan hat für die ersten neun Schuljahre ein nicht-selektives Gesamtschulsystem, bei dem ausländischen Beobachtern zu allererst die Größe der Klassen, nämlich häufig 35 und mehr Kinder, auffällt. Dass darüber weder Eltern noch Lehrer klagen und japanische Schülerinnen und Schüler beim internationalen Schulleistungsvergleich PISA der OECD dennoch immer wieder im Spitzenfeld landen, ist das Produkt mehrerer Umstände:

In der vom Konfuzianismus geprägten japanischen Kultur genießen Lernen und die Institution Schule eine überaus hohe Wertschätzung. „Sensei" ist nicht bloß die

Berufsbezeichnung für Lehrer, sondern darüber hinaus eine Art Ehrentitel, in dem der gesamtgesellschaftliche Respekt vor Gelehrsamkeit, Erfahrung und (Alters)Weisheit zum Ausdruck kommt. Lehrerinnen und Lehrer sind in Japan eine selektierte, hochangesehene und gut bezahlte Berufsgruppe, der man Fleiß und Gehorsam schuldet, die aber umgekehrt außerordentliche Anstrengungen unternimmt, kein Kind ihrer großen heterogenen Grundschulklassen durch Klassenwiederholung zu verlieren. Dazu gehört eine einfallsreiche, die Schüler zu kreativen Problemlösungen anregende Mathematik-Didaktik; dazu gehört die Gliederung der Klassen in Gruppen („han") von fünf/sechs Kindern, die für ihren Lernfortschritt als Kollektiv solidarisch verantwortlich sind, und dazu gehören Hausbesuche der Lehrer in den Familien der Kinder, um sie ausführlich über den individuellen Lernfortschritt zu informieren und nachdrücklich in den Lernprozess einzubinden.

Wer eine japanische Schule betritt, muss im Eingangsbereich die Straßenschuhe aus- und mit dem Schullogo versehene Gäste-Schlapfen anziehen. Heimelig sind japanische Schulen dennoch nicht, ganz im Gegenteil: sie scheinen der einzige Gebäudetyp zu sein, vor dem die weltberühmte japanische Architektur Halt gemacht hat. Ihre spartanische Grundstruktur ist im ganzen Lande gleich: schlichte, mehrstöckige Gebäude mit langen Korridoren, an denen viereckige Klassenzimmer aneinandergereiht sind. Drei Fachbereiche kontrastieren allerdings eindrucksvoll mit der Kargheit der normalen Klassenräume – die durchwegs hervorragend ausgestatteten Räume für Naturwissenschaft, Sport und Musik.

Im japanischen Ganztags-Schulbetrieb schließen Clubs für Sport, Kunst und Musik an den Nachmittagsunterricht an; offiziell sind sie freiwillig, de facto wird die Teilnahme von der Schule als selbstverständlich vorausgesetzt. Damit ist die „Lernarbeit" japanischer Kinder aber noch lange nicht zu Ende, denn abgesehen von den Hausaufgaben besuchen ab dem 6. Schuljahr ein immer größerer Anteil der Schülerschaft mehrmals pro Woche eine „Juku", ein Nachhilfe-Institut. Das Ungewöhnliche an diesen (auch in Südkorea und Singapur extensiv genutzten) Einrichtungen ist, dass sie nicht wie in Österreich vorwiegend von lernschwachen Schülern besucht werden, etwa um drohendes Sitzenbleiben zu vermeiden, sondern dass Jukus häufig von sehr guten Schülern genutzt werden, die „noch besser" werden wollen, um ihre Universitäts-Aufnahmechancen zu erhöhen. Das Spektrum der Erscheinungsformen von Jukus reicht von traditionellen Nachhilfestunden in der Wohnung eines pensionierten Lehrers bis hin zu nationalen Ketten von Einrichtungen, die dem öffentlichen Schulsystem hervorragende Lehrer abwerben, um deren Modell-Unterrichtssunden an regionalen Zentren, über Satellitenfernsehen oder nunmehr über das Internet gegen gutes Geld zur Verfügung zu stellen. Vielen Eltern reicht aber selbst der Paukbetrieb der Jukus noch nicht; sie wollen ganz sichergehen und erflehen mit ihren Sprösslingen himmlischen Beistand. In Kyoto gibt es den Kitano Tenmangu Schrein, der dem Gott des Lernens geweiht ist. Einzelne Schülerinnen und Schüler mit ihren festlich gekleideten Eltern, aber auch ganze Klassen in Schuluniform besuchen mit ihren Lehrern diesen Schrein, wo sie in einem Akt der Devotion ihre Bitten um göttliche Beihilfe zu gutem Schulerfolg auf hölzerne Täfelchen schreiben und diese den tausenden von Täfelchen hinzufügen, die dort bereits aufgehängt sind. Von einem ähnlichen Schrein in Tokyo habe ich meinem damals 16jährigen Sohn eine kleine Tempel-Nachbildung nach Wien mitgebracht. (Wer weiß, vielleicht…) Anstatt das zu tun, was in dem englischsprachigen „Beipackzettel" nahegelegt wurde, nämlich das Tempelchen auf seinen Schreibtisch zu stellen und jede Hausaufgabe mit einer kurzen religiösen Besinnung zu beginnen, versah mein Sohn die kleine Devotionalie in frevlerischer Gedankenlosigkeit über und über mit bunten Filzstift-Punkten; die Götter haben sich prompt bei seiner nächsten Lateinschularbeit gerächt.

Die Fokussierung des Unterrichts auf die Aufnahme in eine „gute" Oberstufe nach dem 9. Schuljahr und erst recht auf die Universitätsaufnahmeprüfungen erfordert zwar jede Menge Wissenserwerb durch Auswendiglernen, aber die japanischen Lehrpläne sind wohl ausbalanciert, und alle japanischen Kinder erlernen in der Schule mindestens ein Musikinstrument (meistens Blockflöte oder Blasharmonika), mehr als die Hälfte dazu privat noch ein zweites Instrument. Alle High Schools und selbst viele Junior High Schools (für Kinder ab 12 Jahren) haben sowohl eine Blechblas-Marching Band als auch ein großes Schulorchester. Bei einem regionalen Schulmusikfestival in Kyoto verblüffte mich das unglaublich hohe Niveau, auf dem die Pflicht- und Wahlstücke (Gershwin, Wagner, Joh. Strauß, Bernstein, Debussy, Dvorak…) gespielt wurden.

Als ich während meiner Gastprofessur in Chiba immer wieder in der Mittagszeit über die Lautsprecher der benachbarten Grundschule Mozarts *„Sinfonia Concertante"* und Vivaldis *„Vier Jahreszeiten"* hörte, ging ich einmal in die Schule hinüber, um dem Direktor zu sagen, dass ich diese Art der musikalischen Sozialisation bemerkenswert fand. Die Antwort des von meiner Interpretation der mittäglichen Musik überraschten Direktors war ernüchternd: Oh nein, es handle sich keineswegs um informelle Musikerziehung. Solange die Musik dauerte, hatten die für diese Woche zuständigen Gruppen von Kindern die Schule zu reinigen. Japanische Schulen haben nämlich so gut wie kein Putzpersonal; die Reinigung der Schule durch die Schüler gilt als Teil der „moralischen Erziehung".

Vergleichende Bildungsforschung in Japan ist bei aller kollegialen Fürsorge und Gastfreundschaft nicht ohne ein gewisses „Restrisiko". Während meiner Gastprofessur an der Universität Hiroshima brachte mich die Sangeslust des Rektors in arge Verlegenheit. Als dieser mächtige akademische Manager, der in seiner Jugend in Italien Gesangsunterricht genommen hatte, von meiner Anwesenheit an seiner Universität erfuhr, lud er mich – als Ausdruck seiner Verehrung für die Musikstadt Wien – mit einigen seiner Dekane zu einem Dinner in ein exquisites Restaurant. Mitternacht war bereits vorbei und die Stimmung sehr heiter, als er sich ein Telefon reichen ließ und mit größter Selbstverständlichkeit den Professor für Korrepetition in seine Privatwohnung bestellte; sodann wurde die ganze Runde dorthin chauffiert. Der vermutlich aus dem Bett geholte Pianist, der in Deutschland studiert hatte, schien wegen dieser Zumutung keineswegs überrascht; er klärte mich freundlich auf, dass jetzt nicht nur der Rektor seine Lieblingsarien aus *Figaros Hochzeit* und *Don Giovanni* singen würde, sondern dass alle, auch ich, zu singen hätten. Er gab mir zu verstehen, dass eine Ablehnung völlig ausgeschlossen war und erkundete, „was ich drauf habe". In Panik bot ich ihm die oberösterreichische Landeshymne an, die er, höflich aber bestimmt, ablehnte. Nach ein bisschen Herumprobieren meinte er, wir müssten eigentlich Schuberts „*Du holde Kunst*" hinkriegen, was dann auch – ich weiß nicht mehr wie, ich war in Trance – der Fall war. Als ich mich zum Abschied ins Gästebuch eintrug, stellte ich fest, dass in diesem musikbesessenen Haushalt vor mir auch schon der deutsche Alt-Bundeskanzler Helmut Schmid und der Pianist Jörg Demus zu Gast waren; aber diese beiden mussten vermutlich nicht singen, sondern durften Klavier spielen.

Es kam ziemlich überraschend, dass ein relativ junger Professor aus einem relativ kleinen Mitgliedsland der OECD zum Vorsitzenden des wichtigsten und mächtigsten internationalen Gremiums der Bildungsforschung und Schulentwicklung ernannt wurde, aber, wie so oft im Leben, spielten bei meiner Bestellung zum Chairman des *Governing Board des Center for Educational Research and Innovation (CERI)* der OECD in Paris im Jahre 1993 auch das Glück und der Zufall eine Rolle.

Ende der 1970er Jahre war ich von der Universität Oxford an meine Heimatuniversität Wien zurückgekehrt, etablierte meinen wissenschaftlichen Schwerpunkt im Bereich der international vergleichenden Bildungsforschung und habilitierte mich. Damals gab es am Institut einen „Großprofessor", der nicht nur an der Universität zielstrebig und rücksichtslos Assistenten, Räume und Ressourcen requirierte; als Freund einflussreicher Politiker sammelte er auch interessante außeruniversitäre Positionen, darunter – nicht zuletzt wegen der damit verbundenen Dienstreisen nach Paris – die des österreichischen Delegierten im CERI. Es gab allerdings ein Problem. Wie bei den meisten internationalen Organisationen ist die vorrangige Arbeitssprache der OECD Englisch, das der Herr Professor leider nur unzureichend beherrschte, von Französisch ganz zu schweigen. Was er während der auf höchstem analytischen und sprachlichen Anspruchsniveau verlaufenden Arbeitssitzungen tatsächlich gemacht hat, bleibt ein Rätsel; jedenfalls kehrte er aus Paris immer mit

Konvoluten englischsprachiger Materialien zurück. Ärgerlicherweise erwartete das Bildungsministerium von ihm deutschsprachige Resümees der Sitzungen und der Arbeitspapiere. Als erfahrener akademischer Ausbeuter fand er für dieses Dilemma eine clevere Lösung: Der Assistent Gruber unterstand zwar nicht seiner Lehrkanzel, so dass man ihm diese Arbeit nicht einfach anschaffen konnte, doch musste er als vergleichender Erziehungswissenschafter Interesse an diesen hervorragenden, aber unveröffentlichten Materialien haben. Hatte ich in der Tat. (Es war die Zeit vor dem Internet und den nunmehr herunterladbaren OECD Working Papers). Und so fuhr er jahrelang nach Paris und ließ es sich dort vermutlich gut gehen, während ich in Wien die von ihm mitgebrachten Sitzungs-Unterlagen und Papers studierte und für das Ministerium zusammenfasste. Durch diese „Arbeitsteilung" erhielt ich, gleichsam im „Fernstudium", einen unschätzbaren Einblick in das Powerplay der internationalen Bildungsforschung und erfuhr, wie die OECD forschungsstrategisch und bildungspolitisch „tickte". Nachdem ein Klagenfurter Kollege die Position des österreichischen CERI-Delegierten für einige Jahre wahrgenommen hatte, bot das Bildungsministerium mir – inzwischen zum ordentlichen Professor avanciert – diese Stelle an, die ich selbstverständlich gerne annahm.

Seit seiner Gründung im Jahr 1968 ist das CERI der einflussreichste Thinktank der hochentwickelten westlichen Demokratien in Fragen der Bildungspolitik und des institutionalisierten Lernens von der Vorschule bis zur Hochschule. In den vergangenen zwei Jahrzehnten haben sich zwei Projekte der OECD zu weltweit beachteten „Flaggschiffen" ihrer Bildungsaktivitäten entwickelt : erstens PISA, der internationale Schulleistungsvergleich von 15/16 Jährigen in der Muttersprache, Mathematik und den Naturwissenschaften, und zweitens die alljährliche Publikation „Education at a Glance" („Bildung auf einen Blick"), die statistische Daten über die Schulsysteme der Mitgliedsländer (Klassengrößen, Lehrergehälter, Schulverwaltung...) und Analysen ihrer Funktionstüchtigkeit präsentiert.

Nicht so bekannt, aber nicht weniger bedeutsam sind die „Reviews", die Länderprüfungen der OECD, bei denen multinationale Expertenteams den bildungspolitischen Status quo eines Landes oder die Funktionstüchtigkeit eines Teilsystems des Bildungswesens (etwa die Lehrerbildung, den Vorschulbereich oder den Tertiären Bildungssektor) einer gründlichen Evaluierung unterziehen. Prüfungsberichte können sehr kritisch ausfallen, wie etwa die Review der schwedischen Schulpolitik, aber die OECD verhängt keinerlei Sanktionen. Nach ihrem institutionellen Selbstverständnis ist die OECD *„a dog which barks but does not bite"*. Dennoch wirken diese über jeden Verdacht der Parteilichkeit erhabenen Gutachten in vielen Ländern als Auslöser bildungspolitischer Kurskorrekturen. (Dass die Expertise des CERI in Österreich so wenig genützt wird, ist eine schwere Unterlassungssünde der österreichischen Bildungspolitik.)

Das CERI nutzt für seine Projekte und Gutachten seit Jahrzehnten den riesigen Pool der US-amerikanischen, britischen, skandinavischen und australischen Bildungsforschung. Dass die deutschsprachige Erziehungswissenschaft (etwa im Vergleich zur viel kleineren schwedischen) bis in die jüngere Vergangenheit in den CERI-Aktivitäten wenig präsent war, lässt sich auf mehrere Umstände zurückführen. Mit ihrem mehrheitlich historisch-philosophischen Selbstverständnis tat sich die deutschsprachige Pädagogik lange Zeit schwer, sich von ihrer Fixierung auf das reiche Erbe der deutschen Bildungstheorie zu lösen und sich der Bildungswirklichkeit empirisch zu nähern; zudem bestand eine weitverbreitete Aversion gegen die transatlantische Bereitschaft zur Testung und Messung von Lernleistungen. Mit PISA hat sich das grundlegend geändert, und seit einigen Jahren hat das Bildungsdirektorat der OECD sogar einen deutschen Leiter.

Dass die Dominanz des Englischen und die dadurch mittransportierten Selbstverständlichkeiten des anglo-amerikanischen Wissenschaftsbetriebs eine pragmatische Herangehensweise und die Akzeptanz von Begriffen wie *„accountability", „vocationalization" und „evidence-based"* begünstigen, ist nicht zu übersehen, und es gibt im CERI auch nicht die im deutschen Sprachraum übliche Demarkationslinie zwischen Bildung und Wirtschaft. Der Vorwurf des französischen Soziologen Pierre Bourdieu, die OECD sei das „Trojanische Pferd" des US-amerikanischen Neoliberalismus, war jedoch zumindest im CERI der 1990er Jahre nicht gerechtfertigt. Neoliberalistischen anglo-amerikanischen Initiativen zu mehr Markt, Konkurrenz und „Wahlfreiheit" im Bildungswesen traten Vertreter wohlfahrtsstaatlich-egalitär orientierter Länder wie Frankreich, Japan und Skandinavien mit wohlüberlegten Argumenten und harten soziologischen Daten entgegen.

Der Governing Board bestand damals aus etwa 25 Mitgliedern, die zwar von ihren nationalen Bildungsministerien entsandt wurden, als weisungsfreie Experten jedoch nur der OECD gegenüber verantwortlich waren. Etwa zwei Drittel waren Professoren der Erziehungs- oder Sozialwissenschaften, der Rest hochrangige Ministerialbeamte. Die übliche Funktionsdauer von Mitgliedern des Board war damals sechs Jahre. Der Vorsitz rotierte im Zweijahres-Rhythmus zwischen den Kontinenten; während meiner Mitgliedschaft war wieder einmal Europa an der Reihe, den Chairman zu stellen.

Bei der Entscheidung des OECD-Bildungsdirektorats, mich zum Chairman zu bestellen, kamen mir – von wegen Glück und Zufall – mehrere Umstände zugute. Durch die seinerzeitige Resümier-Tätigkeit für meinen Wiener Professorenkollegen war ich von Anfang an mit der Terminologie, den Usancen und den Herangehensweisen von CERI-Projekten bestens vertraut, und internationale Schulentwicklung war für mich als vergleichenden Bildungsforscher seit langem mein Arbeitsfeld. Dennoch: Keine Bestellung zu einer OECD-Leitungsposition erfolgt ohne die Zustimmung der *„big players and big players"* – USA, Japan, Frankreich, das Vereinigte Königreich und (damals) Schweden. Und da hatte mich meine vorausgehende Karriere mit einigen relevanten „Federln am Hut" ausgestattet: Gastprofessuren an der Harvard University und der Universität Chiba in Japan; mehrere Jahre als Forscher an der Universität Oxford, darunter eine prestigeträchtige Senior Visiting Research Fellowship am St. John's College; zwei Jahre als „Directeur d'

Études Associés" am Maison des Sciences de l'Homme in Paris. Und da ich als Lehrerstudent Schwedisch gelernt und meine Dissertation über die schwedische Gesamtschulreform geschrieben hatte, konnte ich mit dem schwedischen Delegierten in den Sitzungspausen über schwedische Witze lachen.

Die Führung eines zweisprachigen, multinationalen Gremiums erfordert sowohl das behutsame Vermitteln zwischen unterschiedlichen nationalen Sprach- und Bildungskulturen und die permanenten Achtsamkeit auf das *„mot juste"* für das Protokoll, gleichzeitig aber die quicke Intervention um das Momentum der Debatte aufrecht zu erhalten und in Richtung Konsens zu steuern. Wenn externe Experten eingeladen waren, galt es, mit einer immer wiederkehrenden heiklen Herausforderung zurechtzukommen, nämlich den Wortfluss der zu pompöser Langatmigkeit neigenden europäischen Großprofessoren und die aus allen Poren *„academic power"* ausstrahlenden Heads of Departments amerikanischer Spitzenuniversitäten einzubremsen. Möglicherweise erwartete die OECD-Leitung von mir auch ein bisschen Wiener Schmäh, um die doch sehr langen Sitzungen vor ermüdender Routine zu bewahren.

Warum nicht das viel größere und gewichtigere Deutschland zum Zuge kam? Deutschland hatte aus Rücksicht auf seine spezifische, föderalistische, bildungspolitische Machtkonstellation als einziges Land zwei Delegierte im CERI: einen Vertreter des damals noch in Bonn beheimateten Bundes-Bildungsministeriums, sowie einen Delegierten der Konferenz der Kultusminister der Bundesländer, bei denen eine Großteil der bildungspolitischen Entscheidungsbefugnisse liegt. Beide Herren waren Musterexemplare korrekten deutschen Beamtentums, aber ihr „teutonisches" Englisch kam ihnen zögerlich über die Lippen und sie waren von ihrem Habitus her eher zurückhaltend. Mit der Entscheidung für mich ersparte man sich die diplomatisch haarige Bevorzugung eines von ihnen; über meine Bestellung waren dann allerdings beide *„not amused".*

Der Soziologe Max Weber hätte am protestantisch-puritanischen Arbeitsethos des CERI seine Freude gehabt. Die OECD residiert zwar in einem Schloss, dem „Chateau de la Muette" im noblen 16. Pariser Arrondissement, aber es gab keinerlei Begünstigungen oder „diplomatische" Gratis-Annehmlichkeiten außer dem Kaffee und Tee der Sitzungspausen. Hin und wieder, etwa anlässlich eines Nationalfeiertages, lud eine der Delegationen zu einer Party, bei der dann allerdings schon alle kulinarischen Register von Paris gezogen wurden.

Als Chairman des CERI gehörte es zu meinen Pflichten, an Konferenzen teilzunehmen. Ich muss zugeben, dass ich damals die Mühen langer Flüge gerne auf mich nahm, um an Veranstaltungen in Florida, Bologna, Hiroshima, Oslo, Washington und immer wieder in Paris (okay, einmal auch auf dem Semmering) teilzunehmen; heutzutage hätte ich wegen des übergroßen ökologischen Fußabdrucks ein schlechtes Gewissen.

In die Zeit meines Vorsitzes fiel die Feier des 25jährigen Jubiläums des CERI. Am Tag des festlichen Dinners hatte ich als Chairman wegen der zahlreichen zu begrüßenden und zu unterhaltenden Minister und hochrangigen Festgäste keine freie Minute. Als ich endlich hungrig und vor allem durstig im Festsaal ankam, gab es dort auf den ersten Blick nichts Trinkbares zu sehen als Tabletts voller gefüllter Champagnergläser, und so löschte ich meine Durst halt mit Schampus, was mich in erstaunlich kurzer Zeit in eine fröhlich-lockere Stimmung versetzte. Bei Tisch kam ich zwischen der neuseeländischen und der US-amerikanischen Bildungsministerin zu sitzen und wir hatten – wienerisch gesagt – „eine Hetz". Bei einem Blick in das gedruckte Programm fiel uns auf, dass keine offizielle Verabschiedung des alten japanischen Vertreters im Governing Board vorgesehen war, der über viele Jahre das CERI maßgeblich unterstützt und mich immer wie ein väterlicher Freund behandelt hatte. Ich klopfte mit einer Gabel an mein Champagnerglas. Die beiden mich flankierenden Ministerinnen zischten mir alarmiert „Karl, don't!" zu, aber es war zu spät. Es wurde still im Saal und die versammelten Festgäste – inklusive des völlig entgeisterten schottischen Bildungsdirektors der OECD, der den Ablauf des Dinners geplant hatte – schauten in das gedruckte Programm – um festzustellen, dass keine Wortmeldung von mir vorgesehen war. Ich stand auf und sagte, vom Champagner beflügelt: „Ladies and Gentlemen! Erlauben Sie mir bitte, dass ich außer Programm diese Gelegenheit, die letzte, bei der wir unseren japanischen Kollegen unter uns haben, nutze, um ihm in unser aller Namen zu versichern, dass er uns als hochverehrter „sensei" immer in dankbarer Erinnerung bleiben wird". Donnernder Applaus. Ein Toast auf den gerührten alten Japaner. Heiterkeit im Saale. Ein mir mit dem Zeigefinger halbernst drohender Schotte. Beim Niedersetzen beglückwünschten mich meine beiden Ministerinnen, meinten aber, es wäre eine gute Idee, wenn ich von nun an Mineralwasser trinken würde.

Nach dem Festessen trat ein hoher japanischer Diplomat auf mich zu und erklärte mir, dass ich mit dem Wort „sensei", das nicht nur Lehrer bedeutet, sondern den japanischen Respekt vor Gelehrsamkeit und Altersweisheit ausdrückt, genau den richtigen Ton getroffen hätte, und dass mir das die japanische Regierung nicht vergessen würde. Und in der Tat, einige Wochen später erhielt ich die Einladung, im Bildungsministerium in Tokio einen Vortrag über die Rolle der OECD als internationaler Akteur der Bildungsreform zu halten. Im Unterschied zu meinen üblichen Economy-Flügen nach Japan, bei denen ich schon über dem Ural nicht wusste, wohin mit meinem müden Haupt und meinen steifen Knien, konnte ich diesmal unverschämt bequem mit Japan Airlines First Class fliegen. Am Tokioter Flughafen Narita wurde ich von einer Dienst-Limousine des Ministeriums mit uniformiertem Chauffeur abgeholt und in ein feines Hotel in der Nähe des kaiserlichen Palasts gebracht. Ich hielt vor der versammelten gehobenen Beamtenschaft des Ministeriums auf Englisch meinen Vortrag, der simultan übersetzt wurde. Anschließend erbat ich mir zum beunruhigten Staunen der für mein Wohl zuständigen Ministerialbeamten einen Tag Freiheit, um alleine, ohne die übliche, überfürsorgliche, ministerielle Betreuung, das tun zu können, was ich immer tue, wenn ich in Japan bin. Ich fuhr mit dem Hochgeschwindigkeitszug Shinkansen von Tokio nach Okayama, nahm den Bus nach

Tomo-no-Ura, einem alten, verträumten Fischerstädtchen an der Seto-Inlandsee, setzte mich auf die Stufen eines hoch gelegenen, jahrhundertealten Tempels, von wo aus man einen herrlichen Ausblick über das Binnenmeer mit seinen zahllosen, immer blassblauer werdenden Inseln hat, und war mit Gott, der Welt, Japan und der OECD sehr zufrieden.

GLÜCK UND ZUFALL,
FREUNDE UND FÖRDERER

Der kostbarste Schatz meiner Jahre als wissenschaftliche
Hilfskraft in den 1960er Jahren war der Schlüssel zur
(damals noch nicht computerisierten) Institutsbiblio-
thek, der mir Tag und Nacht und auch an Wochenenden
unbegrenzten Zugang zu allen Büchern und Zeitschriften
ermöglichte und es mir erlaubte, völlig unbürokratisch zu
schmökern. Ich habe damit jede Menge Zeit verplempert,
aber so nebenbei ein gewisses *„feeling"* für den internationalen Diskurs, die Bandbreite der wissenschaftlichen
Herangehensweisen und die theoretische und praktische
Gewichtung von *„themes, issues and topics"* erworben. Bei
einer diesen Erkundungen stieß ich auf den Aufsatz eines
schwedischen Professors, der sich mit der schwedischen
Schulreform des Jahres 1962 beschäftigte. Während man
sich in Österreich bemühte, den bildungspolitischen
Schutt der Nazizeit zu entfernen und an dem aus dem
19. Jahrhundert stammende Ausleseschulsystem bloß
einige Retuschen vornahm, etablierte man in Schweden
nach zwei Jahrzehnten Grundlagenforschung und Schulversuchen eine nicht-selektive, demokratischen Prinzipien
entsprechende Gesamtschule. Der Text faszinierte mich
und ich schrieb dem Autor, Torsten Husen, einen Brief.
Als naiver Anfänger im pädagogischen Wissenschaftsbetrieb hatte ich keine Ahnung, dass ich es mit dem angesehensten und mächtigsten europäischen Bildungsforscher
zu tun hatte. Als ich nach etlichen Wochen keine Antwort
erhalten hatte, war ich etwas enttäuscht, aber umso über-

raschter, als mir nach drei Monaten ein Luftpostbrief aus Hawaii zugestellt wurde. Mein Brief war Husen nach Hawaii nachgesandt worden, wo er am East-West Center ein Sabbatical verbrachte. Der große alte Mann ging nicht nur ausführlich auf die Fragen und Argumente meines Briefes ein, er machte mir ein unglaublich großzügiges Angebot: Wäre ich nicht daran interessiert, meine Dissertation über die schwedische Schulreform im Vergleich mit der österreichischen zu schreiben? Da er aus meinem Brief erschlossen hatte, dass es sich bei mir um ein „von unten" kommendes Arbeiterkind mit wenig Geld handelte, erklärte er, dass er, falls ich interessiert wäre, für mich beim „Svenska Institutet" bereits ein Dissertationsstipendium erwirkt hätte. Natürlich nahm ich sein Angebot dankbarst an und es begann eine lebenslange Freundschaft mit dem „Vater der schwedischen Gesamtschule" und ein bis in die Gegenwart reichendes Interesse an der schwedischen Schulentwicklung. Mit skandinavischer Gründlichkeit und Umsicht hatte Husen auch dafür gesorgt, dass ich in einer seinem Institut nahegelegenen Ganztagsschule einen freien Mittagstisch erhielt. Wie ein Kulturanthropologe konnte ich „teilnehmende Beobachtungen" durchführen, denn nach einiger Zeit akzeptierten mich die Kinder und die Lehrerinnen als fixen Bestandteil der mittäglichen Szene und sprachen mit mir unbefangen über den Schulalltag. Zusätzlich zum Studium schwedischsprachiger wissenschaftlicher Ergebnisse, das für mich kein Problem war, da ich während meiner Lehrerbildung in Linz Schwedisch gelernt hatte, erleichterten und bekräftigten familiäre Umstände die

122

jahrzehntelange informelle Beobachtung des schwedischen Schulsystems. Meine Frau hatte eine in der Nähe von Stockholm verheiratete Schwester, die wir, ehe sie vor einigen Jahren starb, jedes Jahr besuchten. Ich konnte mir in der nationalen Schulqualitätsagentur „Skolverket" offizielle Materialien und in der hervorragend sortierten, mit Blackwell's in Oxford vergleichbaren Buchhandlung Hedengren am Stockholmer Stureplan jeweils die neueste Fachliteratur besorgen, und erhielt von den Kindern der Familie höchst interessante „anekdotische Evidenz", wie schwedische Schulen tatsächlich „ticken". Während ich also mit dem schwedischen Schulsystem, etwas flapsig gesagt, eine seit den späten 1960er Jahren andauernde Affäre habe, ist meine „große Liebe" das englische Bildungssystem, oder, seriös ausgedrückt, steht es im Focus meines komparatistischen wissenschaftlichen Interesses und ist primäres Objekt meiner Feldforschung.

***

Bei meiner allwöchentlichen Lektüre des *Times Educational Supplement* stieß ich im Jahr 1987 auf die Ausschreibung einer *Senior Visiting Research Fellowship* des St. John's College der Universität Oxford. Das Oxforder Department of Educational Studies war mir wohlvertraut. Ich hatte von Oxford aus 1971/72 für das damals lernbegierige Bildungsministerium englische Schulreformen erkundet und dort 1976/77 für meine Habilitation Feldforschung durchgeführt. St. John's kannte ich allerdings bloß respektvoll aus der Ferne als eines der ältesten, wissenschaftlich angesehensten und wohlhabendsten Colleges der Universität. Die Ausschreibung war thematisch nicht spezifiziert, aber ich vermute, dass kaum einer der Fellows, durchwegs Repräsentanten traditionell prestigereicher akademischer „Haupt"-Fächer wie Chemie, Kunstgeschichte, Jurisprudenz und Medizin, erwartet hatte, dass sich ein relativ junger Wiener Professor der Erziehungswissenschaft bewerben würde, ja ich habe den Verdacht, dass die meisten von ihnen nicht einmal wussten, dass die Universität Oxford, versteckt in einer der Backsteinvillen hinter dem riesigen University Park, selber ein erziehungswissenschaftliches Department hatte. Es war der Goethe-Spezialist und spätere Germanistikprofessor Jim Reed, der die anderen Fellows überzeugt hat, dass anstatt der üblichen Mediziner- und Historiker-Schwergewichte von Harvard, Yale und Stanford ein bunter Vogel aus Wien etwas Abwechslung in den interdisziplinären Diskurs des College bringen würde. Jim Reed entpuppte sich als quirliger, liberaler Mentor, der für mich unter anderem bei seinen Kollegen das unerhörte, einmalige Privileg erwirkte, als *„fly-on-the wall"* an den selektiven Aufnahme-Interviews von Studienbewerbern teilnehmen zu dürfen. Zum Entsetzen der konservativen Gattinnen einiger Fellows schickte ich auf Jims Empfehlung meinen Sohn nicht in eine der elitären Oxforder Privatschulen, sondern in die nächstgelegene öffentliche Gesamtschule, die Cherwell School, eine „politisch korrekte" und zudem erziehungswissenschaftlich ertragreiche Entscheidung, da ich über meinen Sohn und als betroffener Vater Einblicke in den Alltag einer „guten" Comprehensive School erhielt.

Für meine Studien und Schulbesuche in ganz England erwies sich die Reputation dieser Fellowship als unschätzbarer Türöffner.

Der größte Glücksfall meiner sechs Jahre in Oxford war die Freundschaft mit David Phillips, der als (nunmehr emeritierter) Professor of Comparative Education die *„opposite number"* von mir am Oxforder Institute war. David gilt als der beste Kenner des deutschen Schul- und Hochschulwesens der englischsprachigen Welt, mit einer langen Bibliographie autoritativer Publikationen. Er ist berühmt für seinen feinen Humor und die Fähigkeit, Personen und ihre Stimmen zu imitieren. Er gab mir höchst wertvolle Insider-Informationen über die Konventionen und ungeschriebenen Regeln des Oxforder Collegelebens.

Das über Jahrhunderte durch Stiftungen und Schenkungen erworbene Vermögen erlaubte es St. John's, seine Visiting Fellows großzügigst zu versorgen. Von dem mir zur Verfügung gestellten luxuriösen Haus an der Woodstock Road bewohnte ich, wie ich Freunden gegenüber scherzte, bloß den „Westwing", und die mit der Fellowship verbundenen *„dining rights"* gaben mir die Möglichkeit, an den abendlichen *High Table Dinners* teilzuhaben, die sowohl kulinarisch wie hinsichtlich des quicken Witzes der Tafelgespräche *„world class"* waren.

***

Weltklasse, allerdings in einem ganz anderen Sinne, war die Funktion, für die mich der australische Bildungsforscher Malcolm Skilbeck rekrutierte: Chairman des

Governing Boards des OECD Centre for Educational Research and Innovation (CERI) in Paris, des mächtigsten internationalen Thinktanks im Bereich von Bildungsforschung, Schulentwicklung und Bildungspolitik. Skilbeck, der nach einer brillanten Karriere als Professor (– er galt weltweit als Guru der Curriculumforschung –) und Rektor mehrere englischer und australischer Universitäten eine der Direktorenstellen der OECD-Bildungsabteilung in Paris innehatte, war für die wissenschaftliche Forschung des CERI zuständig. Er behandelte mich ab meinem ersten Tag im CERI Governing Board, in den mich das österreichische Bildungsministerium delegiert hatte, wie ein großer Bruder; wir mochten einander und beurteilten fundamentalen Probleme der Schulentwicklung ganz ähnlich. Ich war zwei Jahre Mitglied im Governing Board, als nach dem Grundsatz der Rotation des Vorsitzes zwischen den Kontinenten wieder Europa an der Reihe war. Malcolm war in einer heiklen Lage. Einige der Delegierten im Board waren alte „Großprofessoren," die akademische Machtpositionen als das ihnen „selbstverständlich" Zustehende betrachteten. Ein besonders sensibles Problem ergab sich aus dem Umstand, dass Deutschland aus Rücksicht auf die Machtverteilung zwischen Bund und Ländern in Bildungsfragen zwei Vertreter im Governing Board hatte, die beide sehr ambitioniert waren und immer wieder die Größe des vereinigten Deutschland und dessen Tradition als „Bildungsnation" betonten. Unglücklicherweise kamen der „preußische" Habitus, das „teutonische" Englisch der beiden und ihre bürokratische Herangehensweise an schulische Innovationen bei den „saxonischen" Mitgliedern des CERI nicht sehr gut an. Die „gordische", diplomatische Entscheidung für mich als Chairman wurde (abgesehen von den beiden Deutschen) generell mit Erleichterung aufgenommen.

***

Die Einladung von Maurice Aymard, dem Leiter des Pariser Maison des Science de l'Homme (MSH), an seiner Institution eine Stelle als Directeur d'Études Associés wahrzunehmen, beruhte auf einer Empfehlung der französischen Vertreterin im CERI Governing Board (deren strenge Haltung und aus den 1930er Jahren stammende Haartracht mich beunruhigend an die Lehrerin meiner ersten Volksschulklasse erinnerten) . Obwohl mein Französisch bei ihr nicht selten gehobene Augenbrauen auslöste, war sie mir wohl gesonnen. Das MSH ist eines der „grand établissement" des französischen Kulturministeriums mit der Hauptaufgabe, die französischen Sozialwissenschaften international zu vernetzen. Ich hatte die völlige Freiheit, meinen persönlichen wissenschaftlichen Interessen nachzugehen und mich mit der französischen Bildungsforschung und ihren Schlüsselfiguren vertraut zu machen. Erleichtert wurde mir dies durch die unmittelbare Nachbarschaft meines Arbeitszimmers mit der Forschergruppe um Pierre Bourdieu und gemeinsame Kaffees im kleinen Gärtchen im Innenhof des MSH. Bei einem unserer Gespräche fragte mich Monsieur Aymard, ob ich nicht Lust hätte, ein „kleines feines" internationales Kolloquium zu organisieren. Als ich behutsam nachfragte, mit welchem finanziellen Rahmen ich rechnen sollte, demonstrierte Aymard die

Großzügigkeit der „Grande Nation". Er sagte „Du sorgst für die besten Experten, die es in Europa zum Themenbereich *international educational policy analysis"* gibt, den Rest besorgen wir." Freundschaftlich unterstützt von meinem (2007 verstorbenen) Kollegen Maurice Kogan, damals interimistisch geschäftsführender Rektor („*acting vice-chancellor"*) der Londoner Brunel University, wurde es ein intellektuell, kulinarisch und sozial sehr zufriedenstellendes Symposium. Es ist den meisten Teilnehmerinnen und Teillnehmern vermutlich nicht zuletzt deswegen noch in Erinnerung, weil Maurice Kogan bei den abendlichen Geselligkeiten zum allgemeinem Gaudium als begeisterter Tänzer den Wahrheitsbeweis seines Wortspiels „*I am not only the acting, but also the dancing vice-chancellor of my university"* erbrachte.

Während meiner Zugehörigkeit zum MSH hatte ich das Privileg einer Wohnung im Maison Suger, einem Gästehaus im Zentrum des Quartier Latin, ganz in der Nähe der Place Saint-Michel, das nicht nur ein höchst bequemer Ausgangspunkt für „tout Paris" war, sondern mir zwei unerwartete Möglichkeiten des informellen Einblicks in den französischen Schulalltag bot. Vom Hinterzimmer meines Apartments konnte ich das Geschehen in einer vorschulischen École maternelle beobachten, während sich direkt vor meinem großen Wohnzimmerfenster auf der anderen Straßenseite der Annex des Lycée Fenelon befand. Wenn ich an meinem Schreibtisch so für mich hindachte, riss mich die Schulglocke der „mütterlichen Vorschule", deren Lautstärke für eine mittelgroße Kathedrale gereicht hätte, aus meinen Theorien und ich konnte die Praxis, d.h. die Kinder beobachten, wie sie das strenge Vorschulcurriculum durch Herumtollen und das Beobachten von Ameisen auf dem Baumstamm im Pausenhof kompensierten; beim Ausblick aus dem Wohnzimmer auf das gymnasiale Lycee Fenelon beeindruckte mich wiederum die Hartnäckigkeit der pubertären Schülerschaft, mit der sie das Rauchverbot auf dem Gehsteig vor der Schule umgingen, indem sie direkt unter meinem Fenster versuchten, wie Yves Montand zu rauchen.

Seit meiner Zeit bei der OECD und am MSH gehören ein paar Wochen in Paris zu einem fixen Bestandteil meines familiären Jahresablaufs. Eine großzügige Freundin stellt uns immer wieder im Frühsommer ihr winziges Studio hinter dem Montmartre zur Verfügung, was für meine Frau und mich eine sehr vergnügliche Variation von „*We'll always have Paris*" bedeutet.

DAS WIRKLICH „LETZTE" ABENDMAHL

Während der venezianische Maler Giovanni Bellini die Kunstgeschichte mit einer endlosen Serie von „Madonnen mit Kind" bereichert hat (Jesulein mit Birne in der Hand; Jesulein mit Schwalbe in der Hand; Jesulein, die Madonna am Hals kitzelnd; Jesulein schlafend …), bemühte sich sein etwas später aktiver Künstlerkollege Jacopo Tintoretto immer wieder um die ultimative Darstellung des Letzten Abendmahls: mal den Tisch schräg von links, dann wieder schräg von rechts; mal düster, dann wieder mit starker Lichtquelle … Seine wohl gewagteste Version der Abendmahlszene befindet sich in einer Seitenkapelle der venezianischen Kirche San Trovaso. Zu offensichtlich fortgeschrittener Stunde herrscht sowohl auf dem Tisch wie auch drum herum Unordnung; ein Sessel liegt umgestürzt auf dem Boden und die Körpersprache der Apostel erweckt den Eindruck, dass sie nicht mehr ganz nüchtern sind.

Nicht nur, dass mich dieses Bild wegen seines blasphemischen Humors fasziniert; wenn ich in Venedig bin, schlafe ich praktisch neben dem Abendmahltisch. Eine befreundete Künstlerin hat hinter dem Querschiff der Kirche einen für Venedig unglaublich großen Garten mit Palmen, marmornen Statuen und einem Gartenhäuschen, in dem ich absteigen darf, allerdings nicht alleine, sondern gemeinsam mit dem Großteil der Ohrenschliefer, Spinnen und Tausendfüßler Venedigs. Zugegeben, die Nächte sind etwas kribbelig, aber wer hat schon einen Tintoretto (fast) als Schlafzimmerbild?

130

Nachdem ich wieder einmal eine Handvoll Fünfzig-Cent-Münzen in die Beleuchtung der Kapelle investiert und darüber sinniert hatte, wie es Tintoretto gelungen war, die künstlerischen Freiheiten, die er sich bei diesem Bild genommen hat, vor der Verdammung durch die Inquisition zu bewahren, begab ich mich in die kleine Vinothek, die, nur durch einen Kanal getrennt, der Kirche gegenüberliegt. Ich besorgte mir ein Glas Wein und einige Cicchetti, köstliche kleine belegte Brötchen, für die das „Al Bottegon" berühmt ist. Es war früher Nachmittag und das Lokal so gut wie leer. Irgendwann bemerkte ich, dass zwei an der Theke stehende hübsche junge Frauen immer wieder zu mir herüberschauten, kicherten und mit dem Kellner flüsterten. Etwas irritiert wischte ich mir mit der Serviette etwaige Baccalà-Reste aus dem Bart und checkte unauffällig, ob der Zipp meiner Jeans geschlossen war. Schließlich kam eine der beiden zu mir herüber und fragte mich *„Excuse me, aren't you a dentist from Budapest ?"*

Ich? Ein Zahnarzt? Aus Budapest? Die mysteriöse Frage löste bei mir zwei Assoziationen aus: erstens, dass Henry Higgins, die Hauptfigur im Musical „My fair Lady", einen ungarischen Sprachforscher wohl nur um der Alliteration willen *„the hairy hound from Budapest"* nennt, und zweitens die Szene in Woody Allens Film *„A Midsummernight Sex Comedy"*, in der ein älterer Lebemann eine junge Frau fragt *„Did you ever have sex with an older man?"* Sie antwortet verlegen *„Yes"*. Er: *„Was he a genius ?"* Worauf sie lispelt *„No, he was a dentist."* Als ich mit Bedauern verneinte, kehrte sie nach einer Entschuldigung zur Freundin

131

zurück, blieb jedoch auf halbem Wege plötzlich stehen, rief „Vienna!", kam zu mir zurück und umarmte mich.

Wie sich herausstellte, waren die beiden jungen Frauen Kunststudentinnen, die eine Ungarin, die andere Engländerin, die an der nahegelegenen Guggenheim Collection ein Praktikum absolvierten. Die Ungarin hatte ein Semester in Wien studiert und ein paarmal eine befreundete Lehramtsstudentin in eine meiner Vorlesungen im AudiMax begleitet. Die beiden Damen baten mich zu sich an die Theke. Der Kellner entfernte wortlos unsere Weingläser und servierte „auf das Haus" einen Wein, der des tatsächlichen Letzten Abendmahls würdig gewesen wäre. Wir kamen auf das turbulente Tintoretto-Bild in der gegenüberliegenden Kirche zu sprechen, sowie auf den Umstand, dass sich in der Wiener Schatzkammer eine Reliquie mit einem Stück des Tischtuchs vom Letzten Abendmahl befindet. Die Engländerin gab sich entsetzt. War es denn nicht eine Sünde, vom Tischtuch „De mensale Domini" ein Stück abzuschneiden, noch dazu wo man auf Domenico Ghirlandaios Abendmahl-Fresco im Refektorium des Florentiner Klosters Ognisanti deutlich sehen kann, dass es sich um ein ganz edles, fein besticktes Tuch gehandelt hat? Ich warf ein, dass die Beschaffenheit des Tuchfragmentes in der Wiener Schatzkammer eher mit dem verwutzelten Tischtuch Tintorettos von nebenan als mit dem makellosen Gewebe Ghirlandaios übereinstimmte. Da der feine Wein (ein Restbestand der Hochzeit zu Kana?) seine Wirkung zu zeigen begann, ließen wir die Fragen nach dem „wahren" Tischtuch und dem Zeitpunkt seiner frevelhaften Verstümmelung offen und begnügten uns mit der Feststellung, dass die Apostel Tintorettos wenigstens das Glück hatten, genug zu essen und offensichtlich mehr als genug zu trinken zu haben. Auf einem der bunten Glasfenster im Refektorium der Pariser Kirche St. Geneviève sitzen Jesus und die Apostel nämlich beim letzten Abendmahl an einem Tisch, auf dem das auf einem großen Teller angerichtete Festessen die Größe und Form eines kleine gebratenen Eichhörnchens hat. Wie sollten dreizehn erwachsene Männer davon satt werden? Auch dieses kniffelige theologisch-gastronomische Problem blieb ungelöst.

Für den nächsten Tag, einen Sonntag, boten mir meine neuen Freundinnen an, mich in eine exklusive Vernissage in der Guggenheim Collection hinein zu schmuggeln. Als ich mit dem Hinweis auf meine legere Kleidung zögerte, meinten sie, das mache gar nichts, es würden sicher Künstlerinnen und Künstler in ausgeflippten Outfits anwesend sein. Ich zog mein Lieblings-T-shirt an, das auf der Brust den schönen Spruch von Groucho Marx trägt: *„Outside of a dog a book is man's best friend. Inside of a dog it is too dark to read.“* Und in der Tat, in der bunten Schickeria fiel ich überhaupt nicht auf. Die Vernissage erwies sich, sowohl was die Bilder als auch das Event selber betraf, als grandiose Inszenierung. Abendmahl-mäßig war sie jedoch eine Enttäuschung: es gab jede Menge Champagner, aber nichts zu essen. Dabei wäre auf der Terrasse des Guggenheim zum Canal Grande Platz genug für einen schön gedeckten langen Tisch gewesen.

PORTRÄT DES VERLEGERS
ALS JUNGER MANN

Im universitären Massenbetrieb, insbesondere bei Großvorlesungen, kommt es eher selten vor, dass ein Hochschullehrer eine Studentin oder einen Studenten als Person
kennenlernt. Aber so wie Richard Pils kein gewöhnlicher
Verleger und seine „Bibliothek der Provinz" kein gewöhnlicher Verlag ist, war er seinerzeit auch kein gewöhnlicher
Student.

In den 1970er Jahren war ich Assistent eines Pädagogik-
Professors, bei dem alle Lehramtsstudierenden der Universität Wien eine Pflichtvorlesung absolvieren mussten,
von der man erbärmlich wenig für den späteren Lehrberuf
lernen konnte. Am Ende jedes Wintersemesters verab-
schiedete sich der Herr Professor für mehrere Wochen
in ein nobles Kurbad, während seine drei Assistenten
mehr als tausend Prüfungsarbeiten zu beurteilen hatten.
Hunderte kaum leserliche, handgeschriebene Prüfungs-
bögen halbwegs objektiv und fair zu benoten, hätte
sich gut als zusätzliche Aufgabe für Herkules geeignet.
Irgendwann in dieser nicht enden wollenden Abfolge von
Demonstrationen braven Auswendiglernens und sorgloser
Unbedarftheit glaubte ich meinen Augen nicht zu trauen.
In ausgesprochen eleganter Druckschrift hatte jemand
quer über den Prüfungsbogen geschrieben: „Ich wüsste
gerne, was die korrekte Beantwortung dieser Fragen mit
der Befähigung zu tun hat, die von mir als zukünftigem
Lehrer erwartet wird." Ich zeigte den Bogen meinen
beiden Assistentenkollegen. Der eine war entsetzt und

meinte, mit einem Fünfer allein wäre es hier nicht getan, diese unverschämte, subversive Person müsse man dem Dekan melden; der zweite stimmte jedoch völlig mit mir überein, dass dieser Student genau das ausgedrückt hatte, was uns an dieser Vorlesung und ihrer Prüfung seit langem zutiefst zuwider war. Hier zeigte jemand Courage, Hirn und Humor – alles unabdingbare Qualitäten des Lehrerberufs. Ich trug in das Zeugnis „sehr gut" ein (der Herr Professor schaute keinen einzigen Prüfungsbogen an, sondern unterschrieb nur die Zeugnisse) und bat den Studenten zu mir. Es war Richard Pils. Wir hatten ein vergnügliches Gespräch, bei dem wir feststellten, dass wir beide aus Oberösterreich, er aus dem Mühlviertel, ich aus dem Traunviertel, stammten und dass wir beide Kinder, Schulen und Bücher mochten. Vielleicht hätte ich seine Begeisterung für Bücher als Symptom des Embryo-Stadiums eines zukünftigen Verlegers erkennen müssen, damals war ich jedenfalls überzeugt, dass er ein guter Lehrer werden würde, und wir trennten uns freundschaftlich.

Jahre später erhielt ich einen Anruf, ob ich bereit wäre, bei einer Veranstaltung im alten Linzer Rathaus einen Vortrag über „Große Schulen – Kleine Schulen" zu halten. Es war Richard Pils, der sich, inzwischen Leiter einer kleinen Mühlviertler Landschule, Sorgen um das damals um sich greifende sogenannte „Zwergschul-Sterben" machte. Ich sagte zu, und er bat mich beiläufig, ob ich von einem Biobäcker im 7. Bezirk, „Brot" mitnehmen könnte. Selbstverständlich. Als ich bei diesem Bäcker am Spittelberg ankam, fragte der, wo ich mein Auto stehen hätte. Ich sagte ihm, dass ich zu Fuß da wäre und mit

135

dem Zug nach Linz fahren würde. Daraufhin zeigte er mir „das Brot" – ein großer Mehlsack voll mit acht Laib Landbrot zu je eineinhalb Kilo. Wo immer ich mit diesem Brottransport auftauchte, brachte er die freundliche Seite der üblicherweise grantigen Wiener Seele hervor. Der Taxler, der mich zum Bahnhof fuhr, die Beamtin am Kartenschalter, der hilfreiche Schaffner – alle waren von der Originalität und dem Wohlgeruch des Sackes voller Brot begeistert. Am Westbahnhof, in St. Pölten und in St. Valentin wiederholte sich immer wieder die gleiche Szene: Die Menschen betraten den Waggon, hielten an, schnupperten und sagten „Jessas, da riachts ja wia in ana Bäckerei!" oder „Hm, so hat es in meiner Kindheit Brot geduftet". Als ich den Sack im Linzer Rathaus ablieferte, bedankte sich Richard Pils ohne jegliches Anzeichen von schlechtem Gewissen, so, als hätte ich gerade einmal ein paar Salzstangerl mitgebracht, und verwies auf eine Gruppe von Frauen, die bereits auf mein Brot gewartet hatten, um es mit selbstgemachten Aufstrichen zu bestreichen. Möglicherweise hat der durch den Saal schwebende köstliche Duft dieser Brote zur wohlwollenden Stimmung während meines Vortrags beigetragen. Es schloss sich eine lebhafte Diskussion über den Wert von Schulen für die kulturelle Identität von kleinen Orten an, die allmählich in ein fröhliches Volksfest überging – mitten drin der wie immer ruhig-gelassene Noch-nicht-Verleger.

Bei unserem dritten Zusammentreffen Ende der 1980er Jahre war der Verlag „Bibliothek der Provinz" gerade gegründet, und Richard Pils dabei, den Schritt vom Lehrer zum Verleger zu vollziehen. Ein befreundeter deutscher Verlagsleiter lud mich damals, als er noch aktiv war, alljährlich zur Frankfurter Buchmesse ein. Als ich einmal an seinem Verlagsstand saß, kehrte er von einem Erkundungsgang durch die riesige Messehalle zurück und sagte: „Karl Heinz, am Ende der Halle hat ein Landsmann von Dir einen Stand. Geh rasch hinüber, ehe ihn die Polizei hoppnimmt. Er verteilt opium-haltige Plätzchen." Nicht wegen der Aussicht auf einen Gratis-Drogentrip, sondern aus patriotischer Neugier machte ich mich auf den Weg und sah schon von weitem eine Menschenansammlung beim Stand der „Bibliothek der Provinz", wo Richard Pils freundlich und großzügig nicht die üblichen Tragtaschen, Lesezeichen oder Kugelschreiber, sondern zur allgemeinen Begeisterung köstliche Waldviertler Mohnzelten verteilte. Nachdem – im Unterschied zur wundersamen biblischen Brotvermehrung – sein Zelten-Vorrat zu Ende gegangen und kein Polizeieinsatz erfolgt war, hatten wir Zeit für ein Gespräch. Er berichtete davon, dass es zwischen ihm und den Bürokraten im oberösterreichischen Landesschulrat ordentlich geknirscht hatte und er – nicht ohne Wehmut – dabei war, den Lehrberuf endgültig an den Nagel zu hängen. Ich machte mir keine Sorgen um die Zukunft des Jung-Verlegers, der nach wie vor Courage, Hirn, Humor und eine realistische, wirtschaftliche Bodenhaftung ausstrahlte, aber damals war mir leid um einen guten Lehrer. Jetzt bin ich allerdings froh, dass er Verleger und nicht ein grantiger, alter Oberschulrat geworden ist.

DANKSAGUNG

Manche Autoren behaupten von sich, dass sie ohne Schreiben nicht leben könnten und dass auf ihrem Grabstein „Nulla dies sine linea" stehen müsste. Ich muss bekennen, dass ich „il dolce far niente" sehr schön finde und mich wochenlang in Siena, Lucca und Pisa oder im burgenländischen Seewinkel herumtreiben kann, ohne ein schlechtes Gewissen zu haben, dass ich der Menschheit zeitlose Wahrheiten vorenthalte. Aber es kommt immer wieder vor, dass es mich in den Fingern juckt, und dann schreibe ich. Ich danke Mia Eidlhuber sehr herzlich, dass Sie als Redakteurin der Tageszeitung DER STANDARD meine Beiträge in der Wochenend-Beilage ALBUM veröffentlicht und mich schließlich nachdrücklich ermuntert hat, sie zu ergänzen und zu einem Band zusammenzufassen. Ebenso großen Dank schulde ich dem Verleger Richard Pils dafür, dass er so geduldig auf mein vor längerer Zeit leichtfertig angekündigtes Manuskript gewartet hat. (Der ihn betreffende beigefügte kurze Text ist keine „captatio benevolentiae", sondern illustriert, wie sich unsere Laufbahnen zufällig dreimal gekreuzt haben.)

Meinem Sohn Florian verdanke ich neben wiederholten Aufforderungen, mich nicht auf bildungspolitische Kontroversen einzulassen, sondern lieber etwas Vergnügliches zu schreiben, auch wiederholte Bemühungen, mich von einem blutigen Computer-Laien in einen unblutigen zu verwandeln. Ich befürchte, dass ich *the old dog that does not learn new tricks* "bin. Ich bedanke mich daher bei den Mitarbeiterinnen und Mitarbeitern der „Bibliothek der

Provinz", dass sie mit meinem mangelhaften Manuskript so gnädig und professionell umgegangen sind. Mein Enkel Luis hat mir mit seinen Fragen, „wie es früher war" und ob man tatsächlich ohne Handy und ohne Internet leben konnte, ins 21.Jahrhundert herübergeholfen. Thank you very much! (Meine Anglophilie ist ihm allerdings nicht ganz geheuer.) Last but not least, danke ich meiner lieben Frau Erika, dass sie mich, wenn mir danach war, schreiben ließ und alleine um die Lange Lacke geradelt oder die Loipe in das Verwalltal hineingelaufen ist. Außerdem finde ich es sehr nett, dass sie als Sängerin, die Musik bewusst, konzentriert und am liebsten mit den Noten in der Hand anhört, wohlwollend, wenngleich vermutlich mit stillem, innerem Vorbehalt, akzeptiert, dass ich zum Schreiben die Haydnschen Streichquartette und die Beethovenschen Klaviersonaten brauche: nicht als „Berieselung", sondern als Lebenselixier.

CURRICULUM VITAE

Karl Heinz Gruber,
geboren am 15. April 1942 in Laakirchen, OÖ
1956/61 Bundeslehrerbildungsanstalt Linz
1961/62 Volksschullehrer im Sauwald, oö. Innviertel
1962/63 FULBRIGHT-Stipendiat an der Hamline University,
St.Paul, Minnesota,USA
1963/64 Präsenzdienst-Bundesheer, „Olympia-Kompanie",
Olympische Spiele Innsbruck 1964
*Verleihung der Olympia-Verdienstmedaille für Dolmetsch
dienste*
1964/70 Studium der Pädagogik, Soziologie und Völkerkunde
an der Universität Wien; ab dem 2. Semester „wissenschaftliche Hilfskraft" am Institut für Pädagogik
1970 Promotion zum Dr.phil, Dissertation über die schwedische Schulreform 1962
1971/79 Assistent und Lehrbeauftragter am Institut für Pädagogik der Universität Wien
1971/72 British Council Scholar am Department of Educational
Studies, Oxford University, England
1976/77 Research Associate am Department of Educational
Studies, Oxford University, England
1979 Habilitation für Vergleichende Erziehungswissenschaft
an der Universität Wien
1983 Ernennung zum Außerordentlichen Professor an der
Universität Wien
1986 Berufung zum Ordinarius für Vergleichende Erziehungs
wissenschaft an der Universität Wien
1988/89 Senior Visiting Research Fellow am St. John's College,
Oxford University, England
1989/95 Mitglied des Governing Board des OECD-CERI Paris,
ab 1990 Mitglied der Executive Group
1992/93 Chairman des Governing Board OECD-CERI Paris;
Gastprofessor an der Universität Graz

1993	Visiting Scholar an der Harvard Univerity Graduate School of Education, Cambridge, Mass. USA
1999	Gastprofessor an der Universität Hiroshima, Japan
2000	Gastprofessor am Department of Educational Studies, Oxford University, England
2002	*Verleihung des österreichischen Ehrenkreuzes für Wissenschaft und Kunst 1.Klasse*
2003	Übertritt in den Ruhestand als o.Univ.Prof.
2005	Mitglied des OECD-Expertenteams zur Evaluierung der norwegischen Universitäten
2005/06	Gastprofessur am Department des Department of Educational Studies, Oxford University, England
2005/09	Mitglied des Aufsichtsrates des UNESCO International Bureau of Education, Genf
2006	Wiederaufnahme der Lehrtätigkeit an der Universität Wien
2008	Sommersemester: Gastprofessur an der Universität Salzburg
2009	Sommersemester: Gastprofessur an der Universität Klagenfurt
2009	*Preis der Stadt Wien für Volksbildung*
2011/12	Research Fellow am Department of Education, Oxford University.
2012	*Großes Silbernes Ehrenzeichens der Republik Österreich*
2013/15	Honorary Research Fellow am Department of Education, Oxford University
2020	Endgültige Beendigung der Lehrtätigkeit an der Universität Wien

Verlag Bibliothek der Provinz

für Literatur, Kunst, Wissenschaft und Musikalien